라오스 교회 이야기

라오스 교회 이야기

펴낸날 ‖ 2021년 7월 7일 초판 1쇄

지은이 ‖ 장춘식

펴낸이 ‖ 유영일
펴낸곳 ‖ 올리브나무   제2002-000042호
경기도 고양시 일산동구 정발산로 82의 10, 705-101
Tel. (070) 8274-1226, 010-7755-2261
Fax (031) 629-6983

ⓒ 장춘식, 2021

ISBN 978-89-93620-07-8   03230

이 책은 저작권법에 따라 보호를 받는 저작물이므로 무단 전재와 복제를 금지합니다.
이 책의 전부 또는 일부를 사용하려면 반드시 저작권자의 서면 동의를 받아야 합니다.

값 15,000원

라오스 교회 이야기

The Story of Laos Church

장춘식 지음

머리말

오래전 라오스를 방문했을 때 순박하고 다정했던 라오인으로부터 라오스의 주적은 미국이라는 말을 듣고 놀란 적이 있다. 당시 함께 라오스를 방문했던 한 미국인 교수가 입국심사에서 애를 먹어 얼굴이 벌겋게 되었던 모습도 기억난다.

라오스는 1975년부터 라오인민혁명당이 통치하고 있는 사회주의국가이다. 1997년에 동남아시아국가연합(ASEAN)에 가입했고, 현재는 최빈곤 국가 탈출을 목표로 해서 중국의 일대일로 구상에 참여하고 있는 한편, 경제개발에 전력하고 있다. 라오스 교회는 그러한 상황 속에서 조심스럽게 성장하고 있다.

라오스에 개신교 선교사가 첫발을 내디뎠던 때는, 우리나라보다 13년 앞선, 1872년이었다. 라오스 기독교는 해외 선교사들과 라오인 동역자들의 협력으로 복음의 꽃을 피웠고, 라오 자치 교회를 이룩했다.

그렇지만 라오스 교회는 1940년대 이후, 제2차 세계대전, 인도차이나 전쟁, 그리고 라오스 내전으로 고통을 받았다. 무엇보다 1975년 수립된 라오 공산정부는 기독교의 박멸을 선포하고, 모든 라오스 교회와 기독교 기관들을 폐쇄했다. 라오스 교회는 그 때문에 한동안 세계교회와 단절되었다.

생명이 끊어진 줄 알고 있었던 라오스 교회는 그러나 1989년에 이르러서 다시 그 모습을 기독교 세계에 드러냈다. 라오 공산정부는 세계 여론을 의식해서 라오 복음주의 교회(Lao Evangelical Church: LEC)의 설립을 공인했기 때문이다. LEC는 현재 라오스 전국에 900여 교회와 신도 20만여 명을 갖춘 교회로 성장했다.

본서의 내용은 공산 정권의 억압과 가난 속에서 활동하고 있는 라오스 교회의 여러 모습을 이야기로 엮은 것이다. 라오스 교회를 보고 있노라면, 마치 우리나라 선교 초기의 옛 모습을 보는 듯하다. 그래서 호감도 더 많이 가고 정도 더 많이 든다.

본서에서 라오스 교회라는 용어는 라오 복음주의 교회를 가리키는 말이고, 라오 혹은 라오스는 모두 동의어이다. 각 이야기 말미에는 묵상과 기도용으로 성경 말씀을 한 구절씩 기록했다. 그리고 마지막 부분에서는 라오스 교회사를 간략하게 다루었다.

본서의 집필에 도움을 준 라오스 교회와 미국 몽족 교회 목회자들, 그리고 특별히 라오스의 프라픽스 이타쏜(Dr. Prafix Ithasone) 박사에게 감사드린다.

본서를 통해 라오스 교회의 모습을 이해하는 데 도움이 되고, 또한 라오스 선교에 대한 동기를 부여받을 수 있다면, 그보다 더한 기쁨과 감사는 없으리라 본다.

장춘식 목사

차림표

머리말 · 4
라오스 개요 · 11

라오스 교회 예배의 실제

라오스 교회는 삼자교회인가? 떠오르고 있는 하나님의 교회 · 17
라오스 교회 예배 목요 저녁 예배와 주일 예배 · 21
헌금 주머니 빨강과 파란색 · 25
찬양 깃발을 흔들며 · 28
라오 찬송가 볼펭 크리싸띠얀 · 32
라오 성경전서 파캄피싹씬 · 35

라오스의 어머니 교회들

위양짠의 세 교회 라오 복음주의 교회의 어머니 교회 · 43
나싸이 교회 국제 연합교회 · 46
아누 교회 베트남인 교회 · 49
나캄 교회 중국인 교회 · 52
흰 비둘기 성령의 역사가 넘치는 라오스 교회 · 56
캄펀 LEC 총회장 꾼타빤야 가문 · 59

라오스의 지역 교회들

싸완나켓 썽컨 교회 라오스 최초의 교회 · 65
짬빠싹 최초의 교회들 한센인 교회 · 68
큰절 마을 교회 스님 신도 · 72
루앙파방 지역 라오스 선교의 발생지 · 75
우돔싸이 지역 대나무 교회 · 78
씨앙쿠앙 선교 대회심 운동 · 82

교회 지도자여, 일어나라!

라오스 교회의 지도자 양성 일어나라! · 93
교회 연합모임 모여라! · 96
해외 유학 네 꿈을 펼쳐라! · 99
라오스 교회 신학대학교 목회자 양성 · 102
글로벌신학대학원 석사 학위 수여식 커싸뎅쿠왐닌디남! · 106
프로비던스 학교 라오스 유일의 미션스쿨 · 110

라오스 교회 예식

크리스마스 쑥싼완킨싸맏! · 117
결혼식 응안땡덩 · 121

장례식 응안쏩 · 124
성례전 성만찬과 세례 예식 · 128
교회 학교 천국 잔치 · 132
한식 먹는 날 잔칫날 · 136

라오스 교회 선교의 이모저모

텃밭 선교 농부이신 하나님 · 143
축구 선교 라오스 교회의 축구 사랑 · 146
의료 선교 네 이웃을 네 몸같이 · 149
영어 선교 선교 도구 · 152
전도 운동 MDC 훈련 · 156
전도 특공대 어린이 제자화 · 160

하나님의 집은 만민의 집이라!

교회 건축 하나님의 집 · 167
코로나19 기도해 주세요! · 171
돗자리 교회 다목적 교회 · 175
라오 염소은행 낳고 또 낳고 · 178
교회 복지시설 기숙학교 · 182
청소년 마약 퇴치 운동 Think Small Ministry · 185

앞만 바라보며 나아가는 사명자들

지방 행정센터 본부 나와라! 오버! · 191
목회자의 생활 만나와 메추라기 · 194
전임과 비전임 소명에 대한 확신 · 197
양성 평등 여성 목회자 · 201
선교의 관리자 협력자와 동역자 · 204
교회의 변화 앞을 바라보며! · 208

리오스 교회사

가톨릭의 선교 피로 세운 교회 · 215
미 장로교회의 다니엘과 소피아 맥길버리 코끼리를 타거나 걸어서 · 218
스위스 형제단의 가브리엘과 마거릿 콘테스 부부 라오스 교회의 첫 순교자 · 222
C&MA의 조지와 텔마 로프 라오 신약성경 번역 · 227
라오 복음주의 교회의 태동과 고난 독짬빠 · 230
세계 라오 복음주의 교회 마라나타! · 235
라오 복음주의 교회 교리적 선언 우리는 믿노라 · 239

후기 · 242

라오스 개요

국명	라오인민민주공화국 (Lao People's Democratic Republic)
수도	위양짠(비엔티안) 인구 약 1백만 명
면적	한반도의 1.1배
인구	약 712만 명, 50개 부족
정당 및 단체	라오인민혁명당, 라오국가개발전선
1인당 GDP	2,720 달러
평균 수명	56.68 (남 54.56, 여 58.90)
성인문자 해독률	약 84%
취학률	초등학교(98.8%), 중등학교(84.7%), 대학교(18.62%)
종교	불교와 토속종교(97%), 기독교와 기타(3%)

역사

라오스는 라오족의 주류인 따이(Tai)족이 세운 나라이다. 역사적으로 따이족은 13세기 몽골지역으로부터 남진해서 미얀마에서는 샨(Shan), 메콩강 상류 지역에서는 라오(Lao) 그리고 태국에서는 타이(Thai) 부족으로 정착했다. 라오족은 14세기 불교 중심의 란쌍 왕국을 건설했다. 란은 라오스어로 100만이란 숫자이고, 쌍은 코끼리라는 말이다.

100만 마리 코끼리의 란쌍 왕국은 18세기 초 위양짠, 루앙파방, 짬빠싹 세 왕국으로 분열되었다. 라오스는 그 후 19세기 후반부터 프랑스의 보호를 받았고, 20세기 초에는 프랑스의 보호령이 되었다. 일본은 1945년 3월 프랑스를 인도차이나반도에서 물리치고 라오스를 잠시 지배했다. 프랑스는 그러나 1946년 라오스 식민통치를 재개했고, 1949년 라오스를 제한적인 자치 국가로 승인했다.

라오인민혁명당은, 그 후, 실질적인 독립을 쟁취하기 위하여 1954년 북베트남과 혈맹을 맺고, 디엔비엔푸 전투에서 프랑스와 전투를 벌여 승리했으며, 베트남 전쟁 기간 내전을 통해 왕립라오정부를 무너뜨리고, 1975년 12월 2일 마침내 라오인민민주공화국을 수립했다.

라오스 지도 : 17개 주와 1개 특별시

라오스 교회
예배의 실제

라오스 교회는 복음 선포와 교회설립에 온 힘을 쏟고 있다.
라오스 교회는 죽었다가 살아나 복음의 빛 속에서 밝게 떠오르고 있는,
세계에서 가장 어린, 하나님의 교회 가운데 하나이다.

라오스 교회는 삼자교회인가?
떠오르고 있는 하나님의 교회

라오스에는 국가가 공인한 교회가 있다. 바로 라오 복음주의 교회이다. 라오 복음주의 교회는 현재 전국에 900여 교회를 갖고 있다.

라오스에는 그렇지만 라오 복음주의 교회들만 존재하고 있는 것은 아니다. 해외 선교회에서 설립한 교회들도 있다. 이를테면, 2005년 라오스 선교를 재개한 미연합감리교회에는 70여 가정교회가 소속되어 있다. 그러나 라오스의 국가적 처지에서 보면, 이 교회들은 모두 불법이고 이단이다.

더러는 이러한 이유로 라오 복음주의 교회는 삼자교회라고 한다. 즉, 라오 복음주의 교회는 공산당과 타협하고, 공산당과

결속되어 있으며, 공산당이 통제하는 교회로서, 교회답지 못하다는 것이다.

라오스 교회는 1975년 라오스 공산화 이후, 거의 14년 동안 세계교회와 단절되어 있었다. 라오스 교회는 그 후 1989년도에 이르러서야 비로소 국가로부터 공인받고, 그 존재를 다시 세계에 드러냈다. 그러나 그것은 공산당과 타협했기 때문도 아니었고, 또한 라오인민혁명당을 교회조직의 한 축으로 받아들인 것도 아니었다.

라오스 교회는 그보다 공산당의 핍박과 억압 속에서 고난의

생명력을 꽃피웠다고 보아야 할 것이다. 라오스는 교회를 공인한 이후로도 1994년, 기독교에 대한 박해를 재개했다. 모든 교회에서 십자가를 제거하도록 조처했고, 불응하는 교회들은 재산들을 몰수했다.

라오스 기독교인들은 게다가 2천년대 초까지만 하더라도 교회에 출석하려면 이장, 경찰서장, 당서기 세 사람의 허락을 받아야만 했다. 라오스 기독교인들은 현재도 마을에서 추방되기도 하고, 감시와 억압과 차별을 받고 있다.

라오스 교회는 그러한 상황 속에서 복음 선포와 교회설립에 온 힘을 쏟고 있다. 라오스 교회는 죽었다가 살아나 복음의 빛 속에서 밝게 떠오르고 있는, 세계에서 가장 어린, 하나님의 교회 가운데 하나이다.

세계교회는 그러므로 라오스에서 고난받는 교회들을 따뜻하게 보듬어주어야 할 의무와 책임을 갖고 있다.

그런데 너의 이 아우는 죽었다가 살아났고, 내가 잃었다가 되찾았으니, 즐기며 기뻐하는 것이 마땅하다(눅 15:32).

라오스 교회 예배

목요 저녁 예배와 주일 예배

라오스 교회는 정규적으로 목요일 저녁과 주일에 예배를 드린다. 우리나라 교회처럼 매주 수요 저녁 예배와 매일 새벽기도회는 없다.

우선, 목요일 저녁 예배는 치유기도회 같은 것이다.

찬송과 설교가 끝난 후, 성도들은 사회자가 인도하는 대로 모두 열심히 한목소리로 통성기도 하며, 목회자들은 환자들을 위하여 안수 기도한다.

우리보다 의료시설이 부족한 라오스에는 정신 질환자들과 여러 가지 질병으로 고통당하는 사람들이 많다.

그러나 기도하며 말씀 듣는 가운데 기적적으로 치유 받았다는

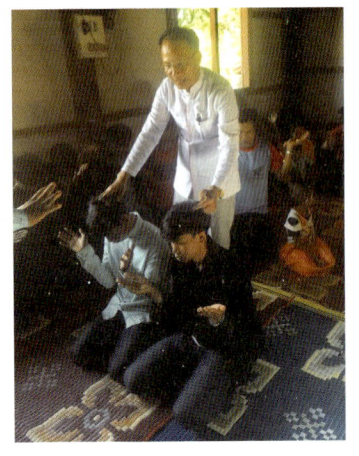

사람들의 간증을 감동 있게 들을 수 있는 곳이 바로 라오스 교회 저녁 예배이다.

도시교회에서는 기도회 모임 후, 간단한 애찬과 더불어 성도의 교제를 나누기도 한다. 목회자들과 평신도 지도자들은 그 후 초신자들과 개별적으로 성경 공부를 하며 신앙 훈련을 지도한다. 기도회 시간은 대개 한 시간 반에서 두 시간 정도이다.

다음으로, 주일에는 오전과 오후 예배가 있고, 지역에 따라서는 저녁 예배를 드리기도 한다. 설교는 대개 열정적으로 그리고 성경 중심적으로 한 시간 정도씩 한다. 라오스 교회에는 음악이나 간증 등 특별한 프로그램으로 예배 시간을 단축하는 법은 없다.

수백 명씩 모이는 대교회는 외부 사역자들이 개척한 가정교회들을 지교회로 관리하고 있다. 그러한 교회는 오전에는 지교회 교인들과 모두 함께 모여 예배드리고, 오후에는 청년과 여성 등 그룹별로 찬양과 기도의 시간을 갖는다. 그리고 저녁에는 별도로 각 지역 가정교회에 모여 예배드린다.

코로나19로 어려웠던 지난해부터 라오스 수도 위양짠(비엔티안)의 몇 교회들은 금요일 오전 11시에도 예배드리고 있으며, 그 상황은 온라인으로도 중계되고 있다. 올해 사순절 기간, 라오스 복음주의 교회 총회는 매주 토요일 새벽 6시 위양짠의 나캄 교회에서 기도회를 개최하고, 라오스와 세계 모든 나라를 위하여 기도한 바 있다.

나캄 교회는 정기적으로 토요일 밤에는 목회자들과 평신도 대표들만 모여 각 주에서 박해받고 있는 교회와 기독교인들, 그리고 모든 라오스 교회의 부흥과 성장을 위하여 철야 기도한다.

공산 치하의 고난 속에서 박해받으며 성장한 라오스 교회의 신앙은 종말론적이며 순교적이다. 그러한 의미에서 라오스 기

독교인의 예배는 언제나 하나님의 자비와 은총을 갈구하고, 하나님을 찬양하며 기도하는 데 온 힘을 쏟고 있다.

주님, 주님께서 계시는 집을 내가 사랑합니다. 주님의 영광이 머무르는 그곳을 내가 사랑합니다(시 26:8).

헌금 주머니
빨강과 파란색

라오스 교회에는 두 가지 색깔의 헌금 주머니가 있다. 하나는 빨강이고 다른 하나는 파랑이다.

빨간색 주머니에는 라오스어로 크리쓰따짝이라고 쓰여 있다. 우리말로 교회라는 뜻이다. 파란색 주머니는 카우빠썬이라고 부른다. 복음이란 말이다.

라오스 교회가 헌금 주머니를 이렇게 다른 색깔의 두 주머니로 만든 것은 색깔 그 자체에 특별한 의미를 두려고 했던 것은 아니다. 다만 교회의 중요성과 그 복음 선포의 사명을 강조하기 위해서였다.

빨간색 크리쓰따짝 주머니 헌금은 교회를 위한 헌금이다. 그러므로 이 헌금은 개 교회의 행정과 사무, 교인들의 친교와 구제 등을 위해 사용된다.

그러나 파란색 카우빠썬 헌금은 라오스 모든 교회의 복음 전파와 선교를 위한 것이다. 따라서 이 헌금은 교회에 소속된 목회자들과 외부 사역자들의 전도비, 선교 활동 후원비, 그리고 라오 복음주의 교회 지방회(노회)와 총회에 대한 부담금 등으로 사용된다.

라오스 기독교인들에게 십일조 헌금과 주일 헌금이 소개되었던 시기는 1954년이었다. 라오스 자치교회는 1954년 11월 30일, 씨앙쿠앙에서 총회를 개최하고, 라오스 기독교 역사상 처음으로 십일조와 주일 헌금 제도를 시행하기로 결의했다.

당시 씨앙쿠앙 주에는 97개 마을에 교회가 설립되어 있었는데, 그중 25개 교회가 십일조 헌금을 실행하기로 했고, 35개

교회는 정기적으로 주일 헌금을 드리기로 작정했다.

하지만 경제적으로 동남아시아의 최빈국 가운데 하나인 라오스에서, 기독교인들은 열심히 헌금한다고 하더라도, 크리쓰따짝과 카우빠썬 주머니는 언제나 빈약할 뿐이다.

따라서 많은 교회는 한 달에 한 번 정도 교우들이 함께 음식을 나누며 성도의 교제를 나누기도 쉽지 않다. 또한 교회에 소속되어 있는 외부 사역자들에게 후원하는 전도와 선교사역 활동비도 우리나라 화폐로 환산하면, 월 1만 원이나 많아야 2만 원 정도밖에 되지 않는다. 그러니 라오스 교회의 헌금은 과부의 엽전 두 닢과 같다.

모두 다 넉넉한 데서 얼마씩을 떼어 넣었지만, 이 과부는 가난한 가운데서 가진 것 모두 곧 자기 생활비 전부를 털어 넣었다(막 12:44).

찬양

깃발을 흔들며

라오스 인구의 97퍼센트 정도는 요람에서 무덤까지 불교와 토속신앙에 젖어 살고 있다. 라오스 기독교인들은, 그러한 문화 속에서 기독교 신앙을 갖게 된 것도 놀라운데, 아직도 기독교를 감시하고 있는 공산정부의 억압과 차별을 감수하면서까지, 교회를 찾아 나와 찬송하며 예배드리는 모습은, 그 자체로서 우리가 갖고 있지 못한 경이로움을 자아낸다.

젊은이들이 많은 라오스 교회는 찬송 소리로 넘쳐난다. 찬양 인도자들은 마이크를 손에 들고 목청을 높인다.

청소년들은 취향에 맞게 키보드, 드럼, 기타 등을 스스로 배워 자유롭게 사용하고 있다.

어느 교회는 라오 전통 악기들을 예배음악에 사용하기도 한다. 그렇지만, 사실, 많은 교회는, 마음만 굴뚝같지, 예산 부족으로 키보드는커녕 변변치 못한 음향기기 하나 갖추지 못하고 있다.

해외 자원봉사자들은 그래서 키보드, 신디사이저, 기타, 하모니카, 리코더, 색소폰 등 여러 종류의 악기들을 기증하고 교육해 주기도 한다.

예배 시간에는 청소년, 남녀 선교회 등 그룹별로 제단 앞으로 나와서 모두 함께 찬송한다.

라오스 교회의 찬양과 예배 분위기는 우리와 사뭇 다르다. 라오스 기독교인들은 찬송을 부를 적에 여러 가지 색깔의 깃발을 흔든다. 그것은 하나님의 깃발이며, 승리의 깃발이고, 축하와 기쁨의 깃발이다.

어느 교회에서는 양각 나팔을 불어대기도 하고, 라오스 전통 악기들을 사용하기도 한다.

모두 시간 가는 줄 모르고 손뼉 치며 목소리를 높여 온 마음과 힘을 다해 기쁨으로 하나님을 찬양한다. 활력과 생기가 넘치는 찬양이다.

라오스 기독교인들의 찬양은, 삶의 진정한 축복이 물질이나 권력에서 오는 것이 아니라, 오직 하나님을 향한 믿음에서 온다는 사실을 보여주고 있다.

> 우리는 임금님의 승리를 소리 높여 기뻐하고, 우리 하나님의 이름으로 깃발을 높이 세워 승리를 기뻐할 수 있도록, 주님께서 임금님의 모든 소원을 이루어 주시기를 원합니다(시 20:5).

라오 찬송가

볼펭 크리싸띠얀

라오스 교회는 선교 초기에 태국 교회의 찬송가를 번역해서 사용했다.

현재 사용하고 있는 라오 찬송가(볼펭 크리싸띠얀)는, 1970년대 초 라오 목회자들이 개역하고 개편한 것을, LEC가 1990년대 이후 재편집한 것이다. 권당 가격은 우리나라 화폐로 6~7천 원 정도이다.

라오 찬송가는 찬송 250곡과 부록으로 교독문(251~289)을 수록하고 있다. 찬송 곡목의 대부분은 외국 찬송을 번역한 것들

이고, 라오 전통 가락에 맞춘 찬송도 17곡이 있다. 현재는 그러나 찬송 가사와 교독문 본문에 여러 문제점이 제기되어, LEC가 몇 년 전부터 전문인에게 의뢰해서 새 찬송가 발행을 준비하고 있다.

라오 찬송가는, 우리나라 찬송가처럼, 소프라노, 알토, 테너, 그리고 베이스 4부로 인쇄되어 있다. 하지만 찬송할 적에 음계나 화음에는 관심이 없고, 대개 멜로디로만 노래한다.

사실, 과거에 동남아시아 불교 국가에는 서양식 음악교육이 없었다. 그 때문에 라오스에는 아직도 학교에 음악 교사들이 부족하고, 음악 수업은 아예 하지 않는 곳도 많다.

위양짠(비엔티안) 수도에 음악전문학교가 설립된 것도 불과 몇 년 전 일이고, 악기점도 위양짠에는 아직 단 한 곳밖에 없다.

그러하니 예배에 사용하는 신디사이저나 키보드가 고장이 날 경우는 수리할 곳이 없어서 난감할 수밖에 없다.

라오스 교회에는 4부 화음에 대한 교육과 훈련은 거의 없는데다가, 우리나라 교회와 같은 성가대도 아직은 조직되어 있지 않다. 또한 라오스 기독교인들은, 특히나 농촌 교회의 경우에 있어서는, 누구나 찬송가를 소지하고 있는 것도 아니다. 그 때문에 대개는 찬송 가사만 화면에 띄워주거나, 아니면 프린트해서 사용하고 있다.

그러함에도 불구하고 남녀노소 모두가 대부분의 찬송 가사를 암기해서 부를 뿐만 아니라, 멜로디만으로도 즐겁고 기쁘게 찬송을 부를 수 있는 것은, 오직 하나님을 찬송하고픈 열정이 넘쳐흐르기 때문일 것이다.

내 영혼아, 주님을 찬송하여라. 마음을 다하여 그 거룩하신 이름을 찬송하여라. (시 103:1)

라오 성경전서

파캄피싹신

라오스어 첫 성경은 남편 맥길버리와 함께 태국 치앙마이에서 선교하던 소피아가 1887년 번역한 마태복음이다. 이 마태복음은 맥길버리 선교팀의 의료 선교사였던 피플즈(S. C. Peoples)가 고안한 라오 자판으로 1891년 치앙마이의 인쇄소에서 발행되었다. 소피아는 그 후 사도행전의 일부분도 번역해서 문서선교에 활용했다.

그 다음, 싸완나켓 썽컨에 정착해

서 선교 활동을 펼쳤던 스위스 형제단의 첫 선교사 가브리엘 콘테스는 1903년 샴어(Siamese) 성경을 대본으로 요한복음을 번역했고, 계속해서 마태복음과 누가복음을 완역했다. 요한복음은 1906년 파리에서 처음으로 인쇄되었고, 세 복음서는 1908년 영국 성서공회 지부였던 인도차이나 성서공회에 의하여 파리에서 출판되었다. 이 복음서의 일부는 현재 영국도서관에 보존되어 있다.

그 후 스위스 형제단의 오데탓 또한 라오인 선교동역자 폰 파싸밧(Phone Phasavath)과 1917년부터 성경 번역을 시작했고, 그 결과로 신약전서는 1926년, 그리고 구약전서는 1932년에 모두 베트남의 하노이에서 출판되었다.

라오스 남부 지역과 북부 지역 교회들은 그렇지만 새 번역 성경의 필요성을 절감하고, 1955년 7월 공동으로 라오 성경 번역위원회를 조직했다. 영국 성서공회는 그 후 1963년 C&MA (Christian and Missionary Alliance)의 로프 선교사와 현지인 쌀리 꾼타빤냐를 성경 번역자로 임명했고, 두 사람이 번역한 신약성경은 마침내 1973년 간행되었다.

한편, 세계성서공회연합회(UBS)가 1969년도부터 자체적으로 추진했던 구약성경의 발행은 라오스의 정치적 변동에 따라서 1998년도에 이르러서야 비로소 결실을 보았다.

UBS는 그 후 다시 현대인을 위한 라오 성경 번역작업에 착수해서 2000년 현대 라오어 신약성경을 출판했고, 다음 해 2001년 성경전서를 발간했다. 또한 2002년부터는 다시 라오 성경 개정작업에 착수해서 2007년 신약성경, 파캄피마이를 발행했고, 드디어 10년 만에 구약성경, 파캄피덤의 번역을 완수하고, 2012년 현대 라오 성경 개정판으로 성경전서, 파캄피싹씬을 봉헌했다.

라오 성서공회(Société Biblique au Laos, Lao Bible Society: LBS))는 1965년 설립되었다. 하지만, 1975년 공산정부가 수립되면서 폐쇄되었고, 그 후 2000년 태국 성서 공회의 파트너로서 업무를 재개했다. 그렇지만 사무실 개소와 그 활동은 아직도

국가로부터 인가받지 못했다. 그 때문에 현재는 라오 서점(Lao Book Store: LBS)이라는 이름으로 운영하고 있다.

라오 성경전서 가격은 46판 환양장 가죽 표지는 한화로 14,000원이고, 보급판은 46판 가죽 양장 9,500원과 7,700원 2종류가 있다. 그리고 신약전서 신국판 가죽 양장은 3,300원이고, 보급판은 2,400원이다. 라오 복음주의 교회는 매년 10월 첫째 주일을 성서주일로 지키고 있다.

모든 성경은 하나님의 영감으로 된 것으로서 교훈과 책망과

바르게 함과 의로 교육하기에 유익합니다. 성경은 하나님의 사람을 유능하게 하고, 그에게 온갖 선한 일을 할 수 있게 하는 것입니다(딤후 3:16~17).

라오스의
어머니 교회들

나싸이 교회에서 성전복구 감사 예배를 드리던 날,
교회당 지붕 꼭대기에는 라오스에서는 좀처럼 볼 수 없는
흰 비둘기 한 마리가 내려앉아 있었다. 이 흰 비둘기의 존재는,
박해를 뚫고 신앙을 간직해 왔던 라오스 기독교인 모두에게,
성령의 임재를 보여주는 것이었다.

위양짠의 세 교회
라오 복음주의 교회의 어머니 교회

라오스의 수도 위양짠(비엔티안)에는 라오스가 공산화되기 이전 1950년대부터 1960년대 사이에 설립된 교회들이 세 곳 있다. 바로 나싸이 교회, 아누 교회, 그리고 나캄 교회이다. 교회 명칭은 모두 동네 이름에서 따왔다.

이 시기는 2차 세계대전 이후 베트남과 라오스의 독립투쟁으로 인도차이나 전쟁이 발발했던 때였다. 이 시기 라오스에서는 좌우파의 대립과 불안정한 국내외 정세로 많은 난민, 라오 소수 부족인들, 베트남인들, 중국인들과 프랑스인 등 기타 외국인들이 수도 위양짠으로 몰려들고 있었다. 그 때문에 1960년대 초기만 하더라도 5만 명가량이었던 위양짠의 인구는 60년대 후반 무렵 12만 명으로 급증하고 있었다. (현재 위양짠의 인구는

약 1백만 명이다.)

라오스 국가교회와 C&MA 선교회는 이러한 시기에 베트남, 중국, 그리고 세계 여러 나라 교회와 협력해서 위양짠에 거주하고 있던 라오 소수 부족인들과 외국인들을 위한 교회를 창립했다.

나싸이 교회는 외국인들과 몽족, 카무족, 라오족 등 라오 소수 부족인들을 위한 국제 연합교회였고, 아누 교회는 베트남인들, 그리고 나캄 교회는 중국인들을 위한 교회였다.

그렇지만 1975년 이후, 위양짠에는 라오 공산정부의 기독교 박해로 아누와 나캄 두 교회만 그 명맥을 유지했다. 나싸이 교회는 교회당을 국가에 몰수당했기 때문이다.

또한 당시 라오 기독교인들의 수도 급감해서, 1989년도 통계에 의하면, 아누와 나캄 두 교회에 생존하고 있었던 신도 수는 모두 26명에 불과했다.

현 라오 복음주의 교회는 1990년 이후, 아누와 나캄교회 그리고 몇 년 후 국가로부터 반환받은 나싸이 교회를 기초로 세계교회와 협력해서 오늘에 이르렀다.

이 세 교회는, 그러므로, 현 라오 복음주의 교회의 어머니 교회라고 할 수 있다.

그리스도 안에서 건물 전체가 서로 연결되어서, 주님 안에서 자라서 성전이 됩니다(엡 2:21).

나싸이 교회

국제 연합교회

우리나라 관광객들이 자주 찾는 무엉 탄 럭셔리 비엔티안 호텔의 25층 커피숍에서 동쪽으로 내려다보면 지붕 위에 큰 십자가가 그려진 건물을 볼 수 있다. 바로 나싸이 교회이다.

나싸이 교회는 1955년 라오 교회연합회가 외국인들과 라오스의 소수 부족인을 위해 C&MA와 공동으로 창립한 국제 연합교회였다. 예배는 각기 프랑스어, 영어, 베트남어, 중국어 그리고 라오스어 5개 국어로 드렸고, 성공회는 별도로 월 1회 저녁 미사를 드렸다. 1962년도 당시 통계에 의하면 영어예배 참석자만 704명이었다.

현재 교회당은 용지를 새로 매입해서 신축한 후 1966년 6월

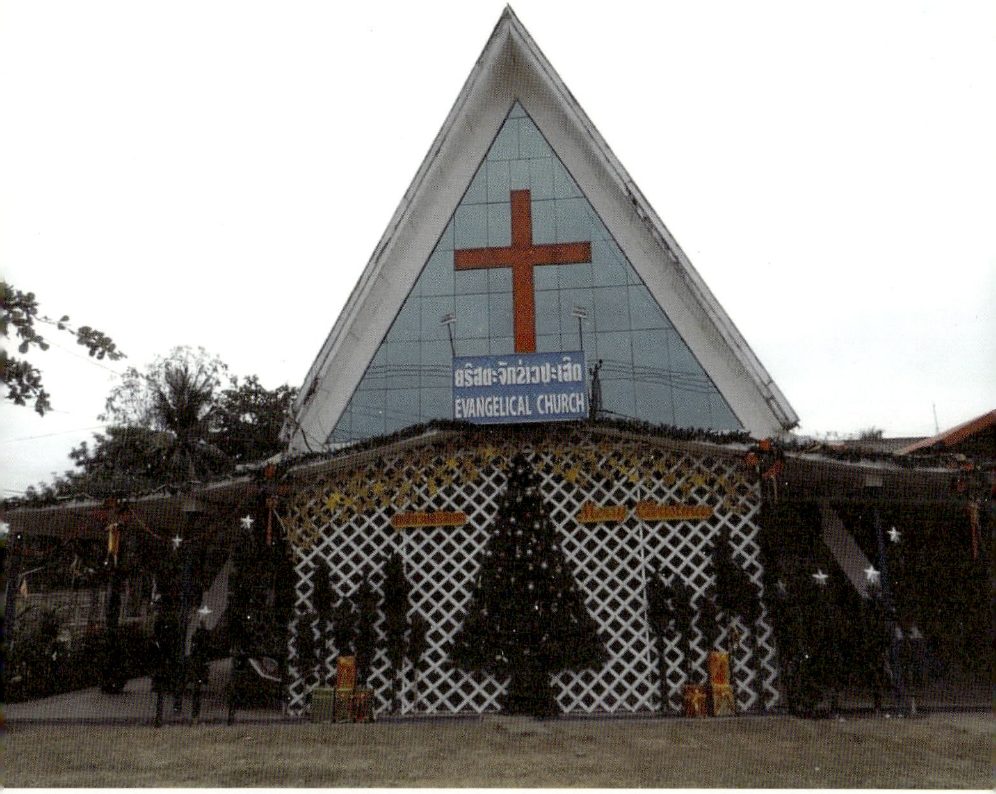
ຄຣິສຕະຈັກຂ່າວປະເສີດ
EVANGELICAL CHURCH

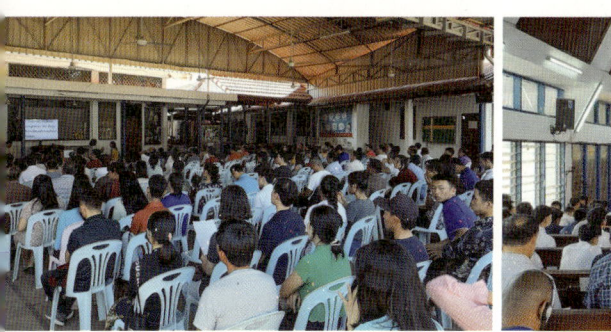

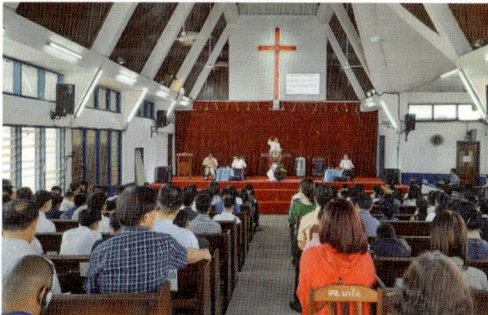

19일 헌당식을 거행했다.

　나싸이 교회는 그 후 1975년 공산당 치하에서 폐쇄 당했고, 교회당과 부속 건물들은 1977년 국가에 징발되어 1993년까지 경찰서로 활용되었다. 당시 외국인 선교사들은 모두 추방되어 본국으로 귀환했고, 라오 목회자들 또한 대부분 해외로 도피하거나 망명했다.

　따라서 예배 처소도 없고 목회자도 없이 방황하던 라오 기독교인들은 훗날 나싸이 교회당을 반환받을 때까지 아누 교회로 옮겨가서 신앙생활을 지속했다.

　현 나싸이 교회 본당과 교회 사무실은 단층이고, 부속 건물은 2층 구조이다. 부속 건물 1층은 여 목회자 사무실과 소모임을 위한 여러 공간으로 나뉘어 있고, 2층은 라오 복음주의 교회 청소년 전도팀 사무실로 사용되고 있다. 교회 앞에는 넓은 주차 공간이 있고, 옆과 뒤쪽으로는 스포츠 공간이 있다.

　나싸이 교회에는 현재 목회자 8명, 신도 800여 명이 소속되어 있다. 주일 오전 예배에는 자리가 부족해서 많은 사람은 교회 밖에서 화면을 통해 예배드리고 있다.

　고난당한 것이 내게 유익이라 이로 말미암아 내가 주의 율례들을 배우게 되었나이다(시 119:71).

아누 교회

베트남인 교회

프랑스는 19세기 말부터 인도차이나에서 베트남과 라오스를 지배했고, 20세기 초반에는 개발을 목적으로 많은 베트남인 공무원들을 라오스로 이주시켰다. 따라서 1940년대 위양짠의 인구는 53퍼센트 정도가 베트남인들로 구성되었을 정도였다.

베트남인들은 게다가 1950~60년대 전쟁으로 인해 대거 위양짠으로 몰려들었고, 1960년대 초기에 그 수는 3만 명이나 되었다.

C&MA의 응우웬 하우 누옹(Nguyen-hau Nhuong)은 이러한 시기에 1964년 베트남인들이 밀집해서 살고 있던 아누동에 교회를 설립했다. 헌당식은 1966년에 거행되었다.

위치는 위양짠(비엔티안) 여행자 거리에 있는, 한국인들에게

맛집으로 알려진, 도가니 국숫집에서 13번 국도를 가로질러 아누봉 스타디움 쪽으로 150미터 정도의 가까운 거리에 있다.

아누 교회는 본당이나 사무실 등은 모두 숙박이 가능하도록 건축되었다. 그 때문에 그러한 시설들은 현재도 라오스 기독교인들과 여러 해외 선교회의 활동과 신앙훈련 장소로 유용하게 활용되고 있다.

응우웬 하우 누옹 선교사와 베트남 기독교인들은 그러나 라오스가 공산화된 후, 1978년경 본국으로 귀환했다.

아누 교회는 그 후 교회당을 국가에 징발당한 나싸이 교회 라오 기독교인들의 예배 처소가 되었고, 그들은 1993년 나싸이

교회를 반환받을 때까지 아누 교회에서 신앙생활을 하면서 그 험난한 기독교 박해를 견디었다.

아누 교회는 오늘날 약 10여 명의 목회자와 300여 명의 신도를 갖춘 교회로 성장했다. 현재 사업상 위양짠(비엔티안)에 거주하고 있는 베트남 기독교인들은 아누 교회를 빌려서 주일 예배를 드리고 있다.

그러므로 이제부터 여러분은 외국 사람이나 나그네가 아니요, 성도들과 함께 시민이며 하나님의 가족입니다(엡 2:19).

나캄 교회
중국인 교회

나캄 교회는 왓따이 국제공항에서 루앙파방로를 따라서 시내 쪽으로 2.9킬로미터 지점, 자동차로 6분 정도 거리에 있는, 나캄동의 큰길가에 세워져 있다.

나캄 교회는, 홍콩 C&MA 신학교 출신인 중국인 바나바와 마리아 정(Barnabas & Mary Cheung) 선교사 부부가 중국인 난민들을 위해서 개척한 교회였다. 그들은 1956년 2월부터 위양짠에 거주하며 중국들에게 전도하였고, 바나바는

1960년 목사 안수를 받았다. 당시 위양짠 수도의 인구는 5만 명 정도였는데, 그 중 5분의 1이이 베트남에서 피난 온 중국인들이었다.

   나캄 교회 최초의 교회당은 본당, 교회 학교, 그리고 목사관으로 구성된 3층 건물이었다. 헌당식은 1968년 12월 8일에 250명의 하객이 모인 가운데 프랑스어, 영어, 중국어, 그리고 라오스어 4개 국어로 거행되었다.

　　나캄 교회 초창기 예배는 서로 다른 지역 출신의 중국인들을 위하여 바나바는 북경어로 설교했고, 마리아는 광둥어로 통역했다. 나캄 교회는 그 후 라오스가 공산화되고, 중국인들이 모두 철수한 후 1980년경부터 라오스어로 예배드리기 시작했다.

　　노약자와 장애인을 위하여 엘리베이터 시설을 갖춘 현재의 나캄 교회는 2012년 2월 화재 후 우리나라를 비롯한 세계 여러 나라 교회의 후원으로 신축해서 2015년 11월 7일 헌당식을 했고, 현판식은 2018년 11월 12일에야 비로소 하게 되었다. 나캄 교회는 라오 복음주의 교회를 대표하는 총회 본부 건물로 사용되고 있다.

1층에는 지방회 사무실, 도서실, 식당 등이 있고, 2층에는 라오 복음주의 교회 총회 본부와 나캄 교회 목회자 사무실들, 그리고 다목적용 소집회실로 구성되어 있다. 3층은 전체가 본당이고, 복 4층에는 방송실이 들어서 있다.

현재 나캄 교회 교인의 총 재적수는 1천여 명에 달하고, 소속 목회자들은 모두 11명이다.

또 내가 네게 이르노니 너는 베드로라 내가 이 반석 위에 내 교회를 세우리니 음부의 권세가 이기지 못하리라(마 16:18).

흰 비둘기

성령의 역사가 넘치는 라오스 교회

　라오스는 1975년 국내에서 기독교의 근절을 선포한 후, 모든 교회와 선교 기관들을 폐쇄했고, 1977년에는 외국인과 라오스 몽족 등 소수 부족의 나싸이 국제 연합교회 건물을 징발해서 경찰서로 활용했다.

　라오스 교회는, 그 후 1989년 국가로부터 공인받은 후, 정부 당국과 협상을 통해 1993년 9월 국가에 몰수되었던 나싸이 교회를 반환받았다.

　당시 반환 경비로 미화 3만 불은 우리나라 장로교 선교회에서 지원했다.

　교회당의 회복은 감격스러운 일이었다.

나싸이 교회에서 성전 복구 감사 예배를 드리던 날, 교회당 지붕 꼭대기에는 라오스에서는 좀처럼 볼 수 없는 흰 비둘기 한 마리가 내려앉아 있었다.

라오스 기독교인들은 흥분했고, 감격했고, 찬송하며 눈물을 흘렸다.

이 흰 비둘기의 존재는, 박해를 뚫고 신앙을 간직해 왔던 라오스 기독교인 모두에게, 성령의 임재를 보여주는 것이었고, 고난에 대한 위로와 죽음을 이긴 승리의 상징이었으며, 라오스 교회에 평화의 복음을 선포하라는 예수 그리스도의 지상명령이었던 것임이 분명하였다.

이 일은 그 후 라오스 교회의 전도와 선교의 기폭제가 되었다.

수많은 젊은이는 교회에서 살아계신 하나님을 만났고, 더러는 해외로 진출해 신학을 공부하여 라오스 교회의 목회자들이 되었다.

이 모든 일은 인간의 뜻과 계획으로 된 것이 아니었다. 그것은

오직 성령이 한 일이었다.

당시 라오스 최고위층의 딸로서, 오토바이 충돌사고로 전신 마비 코마 상태에 놓여 있다가 성경을 읽고, 기적적으로 치유 받았던 어느 여학생도 그때의 이야기를 하는 것을 들은 적이 있다.

라오스 교회는 그때나 지금이나 성령의 역사가 넘치고 있다.

예수께서 물속에서 막 올라오시는데, 하늘이 갈라지고, 성령이 비둘기같이 자기에게 내려오는 것을 보셨다(막 1:10).

캄펀 LEC 총회장

꾼타빤야 가문

현 라오 복음주의 교회 총회장 캄펀 꾼타빤야 박사는 나이 꾼(Nay Koun)의 3대손이다. 나이 꾼은 스위스 형제단(Swiss Brethren)의 첫 선교사들이 라오스 썽컨 지역에 정착해서 활동할 때, 개종한 후 이름을 꾼타빤야로 개명하고, 복음 전파에 어려움을 겪고 있던 선교사들과 협력해서 동족에게 전도함으로써, 썽컨에 라오스 기독교 역사상 최초로 교회를 설립한 인물이었다. 나이 꾼이 라오스 교회의 아버지로 추앙받고 있는

것은 그 때문이다.

나이 꾼에게는 부티와 쌀리 두 아들이 있었다. 부티는 후에 아버지의 뒤를 이어 스위스 형제단으로부터 목사안수를 받았고, 라오스 남부 지역에서 활동하며 교회를 발전시켰다. 그에 비하여 쌀리는 스위스 형제단의 추천으로 라오스 북부 루앙파방의 C&MA의 선교사들과 협력하며 사역했다.

쌀리는 1951년 C&MA로부터 라오스인으로서 최초로 목사안수를 받았다. 그는 그 후 1951~1960년 루앙파방에서 씨앙쿠앙으로 이전한 신학교의 교장으로서 사역했으며, 1957~1963년 라오스 국가교회의 초대 총회장을 역임했고, 1963~73년 C&MA 로프 선교사와 함께 라오 신약성경 번역 위원으로 활동했다.

그러나 라오스 교회는 1970년대 좌우파의 내전과 공산정부의 수립으로 완전히 초토화되었다. 모든 교회는 폐쇄되었고, 선교사들은 본국으로 철수했다. 꾼타빤야 가문은 이러한 박해와 억압 속에서 순교적 신앙으로 라오스 교회를 지키고 이끌어 왔다.

부티와 쌀리 가족은 훗날 공산당의 억압을 피해 모두 해외로 피신했다. 슬하에 현 LEC 총회장 캄펀 박사를 비롯해 9남매를 두었던 부티는 미국으로, 그리고 쌀리 가족은 호주로 망명했다.

부티의 맏아들이었던 존은 미연합감리교회에서 목회하며 망명한 라오인들을 돌보았고, 캄펀은 UN에서 근무하다 귀국해서 라오 복음주의 교회를 재건했다. 넷째 딸 카이콩은 2012년 발행된 라오 성경의 번역 활동에 헌신했다. 캄펀 박사의 자녀들은 4대째 신앙인으로 현재 라오스 LEC 본부에서 사역하고 있다.

한편 호주로 망명한 쌀리 가족은 함께한 몽족들의 정착과 안녕을 위해 호주 여러 지역에 교회를 개척하고 헌신했다.

꾼타빤야 가문은 친가와 외가 3대에 이르러 대가족을 이루었다. 그 때문에 캄펀 꾼타빤야 총회장은 그 모든 일가 자녀의 결혼을 통해 여러 목회자 가문과 인척 관계를 맺고 있다. 그들 가운데 많은 목회자는 현재 모두 라오스 교회의 지도자로 활약하고 있다. 라오스 교회 목회자 가족은 그리스도 안에서 모두 한 혈족임을 보여주고 있다.

이 가족은 살아 계신 하나님의 교회요, 진리의 기둥과 터입니다 (딤전 3:15).

라오스의
지역 교회들

한센인의 사도라고 불렸던, 스위스 형제단의 버나드 펠릭스는 1940년부터 1950년대 중반까지 빡쎄 지역에 한센인들을 위해 열두 교회를 설립하고 선교했다. 그렇지만 전국에서 몰려드는 한센인들을 위해서는 새로운 장소가 요청되었다.

싸완나켓 썽컨 교회

라오스 최초의 교회

싸완나켓은 '하늘 도시'라는 뜻이다. 위치는 라오스 중남부 지역에 자리 잡고 있고, 라오스에서 인구밀도가 가장 높은 곳으로서 현재 총인구수는 105만 4천 명이다. 면적은 우리나라의 서울, 부산, 대구 세 도시를 합친 것만 하다.

이 지역은 왼쪽으로 태국, 그리고 오른쪽으로 베트남과 국경을 맞대고 있어 예전부터 교역로가 발달했다. 프랑스인들은 19세기 후반부터 싸완나켓의 주도에 거주하였다.

스위스 형제단의 선교사들은 1902년부터 싸완나켓의 썽컨을 중심으로 선교를 개시했다. 그들이 라오스 선교 초기에 베트남을 거쳐서 어떻게 이곳에까지 와서 정착하고 복음을 전파했었는

지, 그 여정과 선교사역에 그저 놀랍고 감탄스러울 뿐이다.

썽컨 교회는 스위스 형제단의 가브리엘 콘테스가 현지인 선교 동역자 씨티뎃과 꾼타빤야 두 사람과 협력해 1905년 설립한 라오스 최초의 교회이다.

스위스 형제단 선교회는 썽컨 교회를 중심으로 라오인 사역자들을 양성했고, 후에는 짬빠싹 주 등 남부 지역으로 선교를 확대해 나갔다.

썽컨 교회의 현 교세는 386가옥, 427가정, 그리고 신도 수는 모두 2,443명이다. 썽컨 교회는 수적인 면에서 라오스에서 가장 큰 교회로서 교회가 건립된 동사방 마을 주민은 모두 기독교인이다.

현 썽컨 교회는 2009년 6월에 신축했고, 본당과 교육관, 그리고 운동장 등의 시설을 갖추고 있다.

썽컨 교회 묘지에는 스위스 형제단 초기 선교사들이었던 가브리엘과 마거릿 콘테스 부부, 모리스 윌리 선교사의 아내 앙리엣

월리, 오데탓의 아내 헬렌과 그의 아들 다니엘이 안장되어 있다.

싸완나켓 주에는 지금까지 1백여 곳에 교회가 설립되었다. 신도는 모두 2만 4,600여 명이고, 목사 58명이 사역하고 있다.

죽도록 충성하여라. 그리하면 내가 생명의 면류관을 너에게 주겠다(계 2:10).

짬빠싹 최초의 교회들
한센인 교회

짬빠싹 주는 라오스 최남단 남서쪽 지역에 있다. 이 지역에는 앙코르와트를 건설한 크메르인의 유적지 왓푸가 있고, 4천 개의 섬 씨판돈 등 많은 볼거리가 있다. 이 지역은 볼라웬 고원에서 생산되는 라오 커피의 주산지이기도 하다.

그러나 라오스 선교 초기에 이 지역의 빡쎄는 절망과 고통의 땅이기도 하였다. 왜냐하면 당시 빡쎄에는 수많은 한센인이 치료받지도 못한 채 방치되어 있었기 때문이다.

이 지역에 복음의 빛을 들고 찾아온 사람은, 한센인의 사도라고 불렸던, 스위스 형제단의 버나드 펠릭스 (Bernard Félix)였  다. 그는 1940년부터 1950년대 중반까지 빡쎄 지역에 한센인들을 위해 12교회를 설립하고 선교했다. 그렇지만 전국에서 몰려드는 한센인들을 위해서는 새로운 장소가 요청되었다.

따라서 1955년에는 빡쎄에서 30킬로미터 떨어져 있는 남싸일룸 마을에 새로운 한센인 마을을 건설했다. 의료 선교사였던 버나드 펠릭스(Bernard Félix)와 헬렌 페레누드(Hélène Perrenoud) 두 부부가 설립한 병원 건물은 아직도 이 지역 보건소로 활용되고 있다.

또한 남싸일룸 교회 혹은 락쌈씹(제30킬로미터) 교회라고도 불리는 이곳 교회에는 현재 주민 1,300여 명 가운데 900여 명이 교회에 출석하고 있다. 놀라운 것은 많은 목회자가 2, 3대에 이르기까지 이 교회에서 배출되었다는 사실이다.

한편, 당시 남싸일룸에서 한센인 부모 형제들과 함께 거주할

수 없었던 가족들은 그곳에서 1킬로미터 떨어진 이웃 동네 쩨잉싸이에 정착하고 그곳에 교회를 세웠다.

쩨잉싸이 교회 혹은 빡쎄로부터 29킬로미터 떨어져 있는 마을이라고 해서 락싸우까오(제29킬로미터)라고도 불리는 교회는 그렇게 해서 설립되었다. 쩨잉싸이는 그 후 기독교인 마을이 되었다. 현재 주민 530여 명은 모두 기독교인이다.

쩨잉싸이 교회는 재정적인 규모나 교회 면적으로 볼 때, 짬빠싹 주에서 가장 큰 교회이다.

쩨잉싸이 교회는 본당에 모든 신도를 다 수용할 수 없으므로 주일은 오전 5시 반 새벽 축복 예배로부터 시작해서 9:00~11:30 대예배, 오후 1:00~2:30 청소년, 청년, 장년, 여성 예배, 그리고 저녁 7~9시 젊은이 예배 등 모두 6회에 걸쳐서 예배드린다.

그리고 토요일에는 오전 7~9시 2회에 걸쳐서 청년 예배를 드린다. 놀라운 모습이다.

이 교회에는 11명의 장로와 목사, 그리고 16명의 외부 사역자들이 소속되어 전도와 선교사역에 종사하고 있다.

락쌈씹(제30킬로미터)와 락싸우까오(제29킬로미터) 두 교회는 과거 기독교 박해 시기에도 꿋꿋하게 복음 전파의 사명을 감당했다. 당시에 복음을 통하여 구원받은 사람들은 집에 가만히 있지 않고 이웃 동네를 찾아다니며 전도하고 교회들을 개척했다.

그 결과, 짬빠싹 주에는 현재 모두 31곳에 교회가 설립되어 있다.

> 전에는 그의 얼굴이 남들보다 더 안 되어 보였고, 그 모습이 다른 사람들보다 더욱 상해서, 그를 보는 사람마다 모두 놀랐다. 이제는 그가 많은 이방 나라를 놀라게 할 것이며, 왕들은 그 앞에서 입을 다물 것이다. 왕들은 이제까지 듣지도 못한 일들을 볼 것이며, 아무도 말하여 주지 않은 일들을 볼 것이다 (사 52:14~15).

큰절 마을 교회

스님 신도

짬빠싹 주 빡세에서 동쪽으로 49킬로미터 떨어져 있는 고산지역에 빡쏭이라는 곳이 있다. 이 지역에는 커피 주산지답게 엄청나게 큰 커피농장도 있고, 라오스의 최대 커피 그룹인 다오 커피 회사도 설립되어 있다. 집집마다 커피나무를 재배하고 있으며, 또한 유기농 아보카도, 흑생강, 두리안도 생산되고 있다.

이 지역에 왓루앙반이라는 마을이 있다. 라오스어로 왓은 절, 루앙은 국가 그리고 반은 마을이라는 뜻이니, 우리말로 하면 큰절 마을이다.

동네 이름을 그렇게 지은 것은 동네 입구 한길 가에 건립된 큰절 때문이다. 지금도 지역 행사와 축제는 모두 이 절 마당에서 거행된다.

이 동네에 한 교회가 있다. 라오스에서 교회명은 보통 마을 이름을 따르기 때문에, 이 교회 이름은 큰절 마을 교회이다.

이 큰절 마을 교회는 3대째 기독교 가정의 S 목사가 이곳으로 이주해서 개인 주택을 짓고 전도하며 개척한 가정교회이다.

S 목사의 아버지는 남싸일룸(락쌈씹) 마을의 한센인 환자였다. 그러나 그는 선교사가 전해 준 복음을 듣고 구원받은 삶을 살았고, S 목사는 그러한 아버지의 신앙을 본받아 목회자가 되었다. 현재는 S 목사의 장남도 목사안수를 받고 짬빠싹 주에서 사역하고 있다.

이 큰절 마을 교회에는 큰절의 스님이었던 한 분이 신도로 출석하고 있다. 의아할 수밖에 없다. 사연인즉슨, 그 스님은 원래 허약해서 질병을 앓고 있었는데 혹시 불가에 귀의하면 몸이 회복될까 싶어 승려가 된 사람이었다.

    그 승려는 그러나 S 목사의 전도로 성경을 받아 읽고, 하나님은 우주 만물의 창조주라는 사실을 깨닫게 되었다.

    그뿐만 아니라 교회에 출석하면서 몸도 깨끗하게 치유 받았다. 그는 이제는 큰절의 동료들에게 복음을 전하는 전도자로 변화되었다.

    하나님의 놀라운 구원의 역사는 그 누구도 상상하지 못했던 모습으로 이곳 큰절 마을에서 일어나고 있다.

네가 나를 부르면, 내가 너에게 응답하겠고, 네가 모르는 크고 놀라운 비밀을 너에게 알려 주겠다(렘 33:3).

루앙파방 지역

라오스 선교의 발생지

현재 12개 군으로 분할된 라오스 북부 루앙파방 주는 과거 라오스 최초의 통일 왕국이었던 란쌍 왕국이 6백여 년 동안 통치했던 지역이다.

루앙파방 주의 주도 루앙파방은 란쌍 왕국의 수도로서 1975년까지 라오스 불교문화의 중심지였고, 현재 도시의 불교 유적지 전체는 유네스코 세계문화유산으로 등록되어 있다. 라오스어로 루앙은 국왕 혹은 국가라는 말이고, 파방은 불상이라는 뜻이다.

이 지역은 라오스 선교역사에 있어서 초기 선교사들이 교회들과 신학교 등을 세우고 선교사역을 시작했던 곳이다. 하지만 기독교 박해 시기 이후 모든 교회와 선교 기관들의 모습은 흔적도 없이 사라져버렸다.

라오스 교회는 2006년부터 루앙파방 주도의 파쑥 교회를 시작으로, 지금까지 루앙파방 주 각 곳에 94개 교회를 건축했다.

그러나 교회당 건물을 단독으로 가진 곳은 단 한 곳도 없다. 모두 옥외에서 예배를 드리거나 아니면 개인의 가옥을 예배 처소로 개방한 가정교회들이다. 그중 라오스 종교 당국으로부터 그나마 교회로 인가받은 곳은 7곳밖에 없다. 이 가정교회들은 예배공간의 용도를 주거 겸용이 아니라, 예배의 목적으로만 사용하도록 구분해서 허락받은 것이다.

루앙파방 지방정부는 2020년 초에 "각 교회는 당국에 등록하고 인가받아야 한다." "개교회는 각기 건물을 소유하여야 하고, 그 밖에 개인의 가옥 등에서 예배드리는 것은 교회로 인정하지

않는다."라는 조례를 선포했다. 새 조례에 따르면, 지금까지 교회로 인가받은 7곳 외에 다른 모든 가정교회는 불법교회로 간주될 형편이다.

다행히 이 지역 목회자들은 올해(2021년) 초부터 우리나라 일산 광림교회와 협력해서 루앙파방 인근에 이 지역에 첫 단독 교회와 행정센터 건물을 건축했다.

이 지역 신도 수는 현재 총 1만 3,600여 명이고, 안수 받은 목사 50명이 활동하고 있다.

교회는 그리스도의 몸이요, 만물 안에서 만물을 충만케 하시는 분의 충만함입니다(엡 1:23).

우돔싸이 지역

대나무 교회

우돔싸이 주는 라오스 북서쪽에 자리 잡고 있다. 북쪽으로는 중국과 국경을 이루고 있어서 중국의 영향을 많이 받고 있다.

지리적으로 루앙파방, 퐁살리, 루앙남따, 싸이냐불리, 보께오 주에 둘러싸여 있고, 해발 300~1,800미터의 고산지대에 60여 개의 강이 흐르는 산악지형을 이루고 있다. 몬순형 기후로 1월과 2월에는 긴 소매와 두꺼운 옷을 입을 정도로 몸이 떨린다.

올 초에는 이상기온으로 눈도 내리고 고드름도 열렸다. 한여름 우기에는 비포장도로의 길이 마비되어 도시를 벗어나 여행하는 것이 힘들 정도이다.

10여 년 전 이 지역 쫌옹에서는 라오스에서 가장 긴 동굴(약

18.4킬로미터)이 발견되어 관광자원으로 활용되고 있다. 또한 2016년 개장한 무앙싸이 정글의 남깟 욜라빠 리조트는 라오스에서 최고의 리조트로 주목받고 있다.

우돔싸이 지역은 옛날부터 양귀비 재배로 이름난 곳이었다. 초기 선교사였던 미 장로교회의 맥길버리와 테일러는 이 지역에서 눈앞에 바라보이는 산을 넘으면 또 산이 있고 그러면 다시 그 산을 넘어가 만났던 무수한 아편 중독자들에게 경각심을 일깨우며 전도했었다.

현재는 정부의 단속으로 양귀비 대신 쌀, 콩, 사탕수수 등 밭작물 재배에 전력하고 있다. 하지만 라오스는 1998년도까지 아편 중독률이 세계 1위였다.

우돔싸이는 소금, 동, 아연, 갈탄, 고령토, 철 등 광물자원과

티크, 마호가니 등 삼림자원이 풍부한 지역이다. 특히 대나무도 무성한 숲을 이루고 있다.

라오스 선교 초기에 C&MA 선교사들은 루앙파방에 선교본부를 개설하고, 인근 우돔싸이 지역으로도 선교와 전도를 확대했다.

카무족과 몽족이었던 주민들은 복음을 받아들인 후, 숲속의 대나무를 베어다 마을마다 교회를 건축했다. 교회 건축은 언제나 이웃 마을 모든 기독교인의 협력으로 단시일에 이루어졌고, 마지막 날은 짐승을 잡아 서로 함께 음식을 나누고 기뻐하며 축하하는 잔치로 마무리되었다.

이 지역 기독교인들은 라오스 공산화 이후, 박해시기를 거쳐서 1990년부터 다시 교회를 설립했다. 그러나 교회당 대부분은 대나무를 얼기설기 엮어 건축한 것들이다. 하지만 라오스 기독교인들은, 비록 구멍이 숭숭 뚫린 대나무 교회라고 할지라도, 감사하며 기쁨으로 신앙생활을 하고 있다.

이 지역에는 현재까지 88곳 마을에 교회가 설립되었고, 목회자 120명과 신도 7,725명이 있다.

너희는 산에 올라가서 나무를 베어다가 성전을 지어라. 그러면 내가 그 성전을 기껍게 여기고, 거기에서 내 영광을 드러내겠다. 나 주가 말한다(학 1:8).

씨앙쿠앙 선교

대회심 운동

　라오스의 수도 위양짠(비엔티안)에서 북동쪽으로 약 170킬로미터 지점에 놓여 있는 씨앙쿠앙 주는 고원과 산악지대이다. 총면적은 1만5천8백 제곱킬로미터로서 우리나라 강원도보다 조금 작은 편이다. 베트남과 국경을 맞대고 있고 주도는 폰사반이다.

　이 지역의 돌 항아리 평원(The Plain of Jars)에는 베트남 전쟁 당시 미군이 투하했던 폭탄의 흔적들과 불발탄들이 아직도 이곳저곳에 엄청나게 남아 있다.

　씨앙쿠앙은, 초기 선교사들의 많은 수고에도 불구하고, 1950년 초봄까지도 열매를 맺지 못했던 선교의 불모지였다.

C&MA는 그 때문에 1948년 베트남 지역 연례회에서 테드와 룻 안드리아노프 (Ted & Ruth Andrianoff) 부부를 이 지역 선교사로 파송했다.

그들은 1949년 1월 씨앙쿠앙에 정착해서 언어 공부에 돌입했다. 그러나 1950년 여름부터 씨앙쿠앙에서 일어난 몽족의 대회심 운동은 그 누구도 예견하지 못했었고, 또한 그 누구도 할 수 없었던 성령의 불가항력적인 역사였다.

자초지종은 이렇다.

씨앙쿠앙에서 토착민들에게 전도 책자를 나누어 줄 현지인 사역자가 필요했던 안드리아노프 부부는, 루앙파방에서 신학교를 운영하고 있었던 C&MA의 로프 선교사에게 신학생 한 명을 추천해 달라고 부탁했다. 그러나 봄방학을 맞이해서 학생들은 모두 고향으로 귀가한 뒤였고, 학교에 남아 있던 사람은 입학한 지 단 4개월밖에 되지 않은 캥(Nai Kheng)이라는 학생밖에 없었다. 게다가 캥은 카무족이었다. 카무족은 몇 세기 동안 라오스에서 노예처럼 취급당하고 멸시받아 왔던 부족이었다.

안드리아노프 부부는 캥이라도 받아들이기로 했다. 그래서 4월 첫 주 부활 주간에 캥과 그의 가족들—아내와 두 아이—을 씨앙쿠앙 선교본부로 데려왔다.

캥 가족은 한길 가에 있는 큰 벽돌집에 숙소를 얻었다. 그 집은 터줏대감들이 출몰해서 사람들을 괴롭힌다고 소문이 난 집이었다.

마침 그 집 길 건너편에는 부아 야 타오(Boua Ya Thao) 혹은 포씨(Phaw See)라는 몽족 무당이 쭈 쌍 타오(Ju Sang Thao)라는 사촌과 함께 살고 있었다. 쭈 쌍 타오는 씨앙쿠앙 외곽 프랑스 군부대에 근무하고 있던 군인이었다. 부아 야 타오는 캥이 믿는 신이 얼마나 강한지 보자며 그들을 지켜보고 있었다.

그런데 어느 날 쭈 쌍 타오의 아내가 갑작스럽게 발병을 했다. 부아 야 타오는 그녀의 병을 고치려고 백방으로 수고했지만, 소용이 없었다. 다급

했던 부아 야 타오는 쭈 쌍 타오와 의논한 후, 푸아타이예수(하나님 예수)를 가르치고 있는 캥을 초청해서 도움을 받기로 했다.

룻의 회고에 의하면, 5월 초순 어느 날 오후, 그들 부부와 캥은 그 무당의 집을 방문했다. 테드 안드리아노프는 간략하게 복음을 전했고, 부아 야 타오와 쭈 쌍 타오 식구들은 모두 예수를 믿기로 작정했다. 그리고서 부아 야 타오는 몽족어, 캥은 라오어, 그리고 테드는 영어로 기도했다. 감동적인 순간이었다.

그 후 이틀 뒤, 안드리아노프 부부는, 5월 12~23일 베트남 달랏에서 개최되는 C&MA 지구별 연례회에 참석하기 위해서 선교지를 떠났다. 하지만 그들은 몬순 장마로 인해서 베트남에 발이 묶인 채 있다가 9월에나 복귀할 수 있었다.

놀라운 것은, 캥과 부아 야 타오는 선교사들이 없는 동안 이 마을 저 마을을 다니며 복음을 전파했고, 사람들은 그들의 전도를 받고 예수 그리스도를 믿기 시작했다. 그들은 선교사들이 과거 10여 년 동안 전도에 온 힘을 쏟아 부었어도 반응이 전혀 없던 사람들이었다.

개종은 눈 깜짝할 사이에 개인별로, 가정별로, 그리고 마을별로 줄을 이루어 단 3달 동안 예수를 믿기로 작정한 몽족은 1,700여 명이나 되었다.

놀란 안드리아노프는 턱없이 부족한 현지인 사역자 문제를 해결하기 위해 부리나케 로프와 상의했다. 로프는 그해 가을, 루앙파방 신학교 학생들을 조기 졸업시키고, 그들을 모두 씨앙쿠앙의 선교 현장에 투입했다.

안드리아노프도 또한 다음 해에는 선교 사택을 개조해서 루앙파방 신학교를 아예 씨앙쿠앙으로 이전하도록 협력했다. 동시에 씨앙쿠앙에 단기 성경학교도 개설해 학생들을 훈련했다.

당시 재적 20명이었던 학생들은 1951년 봄, 각자의 마을로 전도를 나갔고, 220여 명의 영혼을 구원했다. 안드리아노프와 현지인 선교동역자였던 쌀리 꾼타빤냐 두 사람은 그해 9월 강물 속에서, 휴식 시간 15분을 제외하고는, 꼬박 2시간 반 동안 120명에게 침례를 베풀었다.

몽족 기독교인은 이처럼 1951년 3월에는 2,300여 명, 그 다음 해 말에는 3,190여 명, 그리고 4년 후에는 순식간에 5천여 명으로 증가하였다.

안드리아노프 선교사 부부에게 성경을 배운 몽족의 지도자 투비 라이풍(Touby Lyfoung)도 선교사역에 우호적이었다. 그의 아내들과 자녀들도 모두 개종대열에 합류했다. 첫째 부인은 훗날 신실한 사역자가 되었다.

초창기 선교사들은 이 지역 선교에 있어서 자신들은 언어, 거리, 그리고 문맹의 세 장벽에 도전하고 있다고 고백했었다. 즉, 짧은 시간에 그 많은 부족의 다양한 언어를 배워야 하는 어려움, 사람을 만나려면 산을 넘고 또 넘어야 하는 거리의 한계성, 그리고 그렇게 해서 만난 현지인들의 높은 문맹률이었다.

선교사들은 그 때문에 좌절하기도 하고, 선교의 다양한 방법과 신학적 입장을 갖추어야 한다고 주장하기도 했었다.

성령은, 그러나, 이 모든 장벽과 주장을 단 한 순간에 무너뜨리고 역사하였다. 복음은 순식간에, 이 마을에서 저 마을로, 골짜기를 가로지르고 또 산을 넘어 퍼져나갔다.

몽족 기독교인들은, 선교사들이 1929년 라오스 북부 지역에 정착한 이래, 1951년 여름 처음으로 네 개의 마을에 그들 스스로 예배 처소를 설립했다.

이어서 씨앙쿠앙 주 마을 곳곳에도 교회를 세웠다.

씨앙쿠앙은 곧바로 라오스 기독교의 중심지가 되었다. 쌀리꾼타빤냐는 1951년 씨앙쿠앙에서 라오스인으로서는 첫 번째로 목사안수를 받았다. 또한 씨앙쿠앙 주 97개 마을의 몽족 기독교인들은 1954년 라오스 기독교 역사상 처음으로 라오스인 임시 자치교회를 조직했고, 그 다음 1957년 3월에는 자신들이 스스로

세운 씨앙쿠앙 주도 교회당에서 마침내 라오스 국가교회를 창립했다. 이 모든 일은 성령의 역사로 이루어진 일이었다.

씨앙쿠앙의 몽족 기독교인에게는, 그렇지만, 숱한 고난이 많았다.

1950년대와 1960년대 초기 전쟁과 내란으로 선교센터들은 여러 차례 공산주의자들의 공격을 받았다. 그때마다 마을 교회당들은 불타거나 파괴되었고, 기독교인들은 이리저리 산속의 은신처로 피신해서 목숨을 연명해야만 했다.

몽족 기독교인은 그 후 1975년, 라오스의 공산화로 디아스포라가 되어 태국, 프랑스, 미국, 캐나다, 호주 등 세계 각국으로 흩어졌다. 몽족 기독교인은 미국으로만 그 해 1천 명을 시작으로 1976년에는 1만1천 명, 그리고 1978년에는 3만 명이 망명했다.

몽족 기독교인들은 지금도 1950년대 씨앙쿠앙의 성령 운동을 몽족의 대 회심 운동(People Movement)으로 자랑스럽게 기억하고 있다.

강한 힘으로 활동하시는 하나님의 능력이 얼마나 엄청나게 큰지를, 여러분이 알기 바랍니다(엡 1:19).

교회 지도자여, 일어나라!

언젠가 때가 되면 라오스 교회도 훌륭한 교수진은 물론,
번듯한 강의실과 기숙사를 갖춘
아름다운 신학대학교를 설립하고 건축하게 될 날이 올 것이다.
그 날이 속히 오기를 고대한다.

라오스 교회의 지도자 양성

일어나라!

　라오스 기독교의 행정조직은 1975~89년 암흑시기를 보내며 안수받은 목사는 거의 찾아볼 수 없을 정도로 와해하였다.

　1990년도 예배와 복음 선포의 자유를 되찾은 라오스 교회는 우선 급한 대로 평신도들을 목회자로 세웠다.

　그들은 필요한 신학교육은 계절별로 태국의 신학교를 오가며 받았고, 더러는 먼저 공부한 이들로부터 전달 교육을 받거나 아니면 훗날 해외 신학대학교를 졸업하기도 했다.

　라오스 교회는 그 후 2010년대 10여 명의 젊은이를 노르웨이와 홍콩으로 유학 보내 차세대 교회 지도자로 양성했다.

　라오스 교회의 기도 제목 중 하나는 장차 교회를 책임질

수 있는 지도자들이 들불처럼 일어나기를 바라는 것이다.

라오스 교회는 그러한 목적에 따라서 성경캠프 프로그램을 개발해서 운영하고 있다.

성경캠프는 차세대 교회 지도력 개발과 평신도 지도자 양성을 위한 것으로서 연 2회 개최한다. 강사로는 석사학위를 소지하고 있는 목사이든지 아니면 정규신학을 졸업한 이들이 담당하고 있다.

라오스 교회는 그 밖에 필요한 신학교육이나 영어교육 등은 해외 선교회와 협력하며, 차세대 지도자 교육에 심혈을 기울이고 있다. 현재 라오스 교회에서 정규 신학대학교 과정을 마친 이들은 약 7백여 명에 이르고 있다.

라오스 교회는 목회자와 평신도 지도자들에게 기회와 자격이 충족되면 해외 유학의 기회를 제공하기도 하고, 세계교회의 각종 세미나와 모임에 참석해서 세계교회와 교류하며 선교를 협력하도록 훈련하고 있다.

예루살렘아, 일어나서 빛을 비추어라. 구원의 빛이 너에게 비치었으며, 주님의 영광이 아침 해처럼 너의 위에 떠올랐다 (사 60:1).

교회 연합모임

모여라!

라오스 교회에는 연합모임이 많다. 청소년, 청년, 여성, 교회학교 교사 등 각종 훈련과 교육은 보통 각주별로 연합적으로 실시한다.

시기는 대부분 모이기에 좋은 학교 방학 기간을 이용하고, 일 년에 2회씩 2일간 교회당을 소유하고 있는 어느 한 교회를 선택해서 집중교육을 한다.

각 주는 자체적으로 1박 2일 간의 프로그램을 개발하고, 강사는 중앙본부로부터 지원받기도 하지만, 대부분은 각 주에서 정식으로 신학교육을 받고 안수 받은 목사들이 담당한다.

행사 경비는, 예를 들어, 한 번 모임에 100여 명의 사람이

모인다면, 식비는 1끼 당 미화로 1불씩 모두 5끼에 500불, 그리고 각 회원의 왕복 교통비 보조로 500불, 합계 모두 1천불의 예산이 소요된다.

참석자들은 모두 교회 바닥에서 잠을 자기 때문에 숙박비는 들지 않는다.

모든 경비는 목회자들이 힘써 모으기도 하고, 때로는 해외교회와 협력해서 공동 프로그램으로 주관하기도 한다.

라오스 교회가 연합모임을 장려하는 이유는, 교회가 박해를 받으며 생존의 위기에 몰렸을 때, 함께 모여 서로 안부를 확인하고 신앙으로 위로받았던 것이, 공동체 형성과 유지에 큰 힘이 되었기 때문이다.

또한, 대부분 교회의 넉넉하지 못한 재정과 지도력의 부재도 다른 한 이유가 되었을 것이다.

그러나 그 무엇보다 라오스 교회가, 종말론적인 신앙 전통 속에서 신앙공동체의 정체성을 확인하고, 복음 전파와 교회 개척에 박차를 가하고 있기 때문일 것이다.

또 우리에게 약속하신 분은 신실하시니, 우리는 흔들리지 말고, 우리가 고백하는 그 소망을 굳게 지킵시다. 그리고 서로 마음을 써서 사랑과 선한 일을 하도록 격려합시다. 어떤 사람들의 습관처럼, 우리는 모이기를 그만하지 말고, 서로 격려하여 그날이 가까워오는 것을 볼수록, 더욱 힘써 모입시다(히 10:23~25).

해외 유학

네 꿈을 펼쳐라!

　라오 복음주의 교회 소수의 목회자는 1990년 이후 세계교회와 교류하며 미국, 캐나다, 뉴질랜드, 호주 등 여러 국가에 유학을 했다. 하지만 지금의 라오스 교회 신학생들은 주로 태국을 선호한다.

　태국은 우선 지리적으로 가깝기 때문이다. 다리 위로 메콩강을 건너면 바로 태국이고, 방학 때면 집에도 오갈 수 있다. 또한 언어도 태국어는 라오스어와 유사해서 공부하는 데 문제될 것이 없다. 게다가 교육비와 생활비에서도 학생들은 100퍼센트 장학금을 지불받으니 걱정할 것 없고, 비교적 저렴한 유학 경비는 유학을 주선하는 태국 교회나 해외 선교회에도 별 부담이 없다.

라오스 선교사들도 선교 초창기에는 라오스 현지인들을 모두 태국으로 보내 훈련을 시켰다. 또한 라오 복음주의 교회가 새롭게 태동했던 1990년대 당시에도 신학교육을 받지 못했던 목회자들은 대부분 태국으로 건너가 우리나라 선교사가 운영하는 신학교에서 장·단기적으로 훈련을 받았다.

한편, 라오 복음주의 교회 캄펀 총회장은 2010년 이후, 교단 차원에서 라오스 교회의 미래 지도자 양성을 목적으로 하여 루터교회와 협력해서 노르웨이(Hald Internasjonale Senter)와 홍콩(Lutheran Theological Seminary)에 선별된 약간 명의 라오스 청년들을 유학시켰다.

그들은 이제 나이가 30대 후반에서 40대 초반이 되어 복음주의 교회 여러 부분에서 활약하고 있다. 두 학교의 교수들은 지금도 정기적으로 라오스를 방문해 졸업생들을 관리하고 있다.

캄펀 총회장은 최근에는 몇 명의 라오스 청년들을 우리나라에 유학시키려고 추진하고 있다.

그러나, 사실, 우리나라 몇 교회와 선교단체는 수년 전부터 라오스 청년들을 개별적으로 훈련해서 우리나라 여러 대학교에 유학시켜 왔다. "개별적"이란, 라오스에서 내국인에 대한 외국인의 선교행위는 불법이기 때문에, 라오스 당국의 감시를 피하려고 라오스 교회와 협의가 없었다는 말이다.

이러한 경우는 라오스 교회 자체에 별 도움이 되지 못하고, 오히려 훗날 분란을 조장할 우려가 있어 염려된다.

라오스 교회와 협력해서 선교의 아름다운 열매가 맺혀지기를 바란다.

"내가 누구를 보낼까? 누가 우리를 대신하여 갈 것인가?" 내가 아뢰었다. "제가 여기에 있습니다. 저를 보내어 주십시오"(사 6:8).

라오스 교회 신학대학교

목회자 양성

라오스에는 목회자 양성을 위한 공식적인 신학대학교가 아직은 없다. 국가에서 신학대학교의 설립을 인가해 주지 않기 때문이다.

라오 복음주의 교회는 몇 년 전부터 비엔티안 외곽에 수만 평 이상의 넓은 용지를 마련해 놓고, 3층 크기의 건물로 도면도 확정하고 건축을 준비해 왔다. 하지만 정부는 아직껏 교단이 운영하는 신학대학교의 설립은 불허하고 있다.

라오스 교회는 그 때문에 목회자 양성을 위한 신학교육은 전적으로 해외 선교회에 위탁하고 있다.

신학사 과정은 우리나라를 비롯한 세계 여러 나라 선교회와 협력하고, 석박사 과정은 유일하게 우리나라 감리교회에서 후원하는 글로벌신학대학원에 위탁해서 운영하고 있다.

학사과정이나 석사과정에 학기제도는 없다.

현재는 국내 여행이 불편한 우기를 피해 년 3~4회 1주일이나 2주일씩 모여 3년 동안 교육받고 졸업한다. 수업에 단 1회라도

결석하면 학위증서는 수여하지 않는다.

라오스 교회는 신학대학교 설립에 있어서 필수적인 인적자원의 부족을 해결하려고 고심하고 있다. 현재 라오스 교회 안에 신학 박사학위 소지자는 단 한 사람밖에 없으므로 이 부분은 앞으로 더 많은 투자와 시간이 필요할 것이다.

또한, 라오스 교회에 있어서는 향후 신학대학교 운영에 필요한 예산을 확보하는 것도 문제이다. 최대 18시간의 버스 여행을 하는 학생들의 왕복 교통비, 기숙사 운영비, 숙식비, 기타 교육비 등 일체 경비를 당장은 해외 선교회가 후원하고 있기 때문이다.

하지만 언젠가 때가 되면 라오스 교회도 훌륭한 교수진은 물론, 번듯한 강의실과 기숙사를 갖춘 아름다운 신학대학교를 설립하고 건축하게 될 날이 올 것이다. 그날이 속히 오기를 고대한다.

그대가 이런 교훈으로 형제자매를 깨우치면, 그대는 믿음의 말씀과 그대가 지금까지 좇고 있는 좋은 교훈으로 양육을 받아 그리스도 예수의 좋은 일꾼이 될 것입니다(딤전 4:6).

글로벌신학대학원 석사 학위 수여식

커싸뎅쿠왐닌담!(축하합니다!)

지난 2018년 2월 8일 오후 4시 반, 라오스 수도 비엔티안의 나캄 교회에서는 글로벌신학대학원 석사학위 수여식 및 졸업예배가 거행되었다.

라오스에서 신학대학원으로서 유일한 글로벌신학대학원은  고 배순직 박사가 초대 총장(2012~16)으로서 수고했다. 현재는 장춘식 박사가 총장으로 활동하고 있고, 부총장으로는 라오 복음주의 교회 캄펀 꾼타빤냐 총회장과

우주교회 이재은 목사 두 사람이 협력하고 있다. 대학원 재정후원 이사장은 기독교대한감리회 일산광림교회 박동찬 목사, 그리고 이사들은 상계광림교회 권병훈 목사와 일산신광교회 김인기 목사이다. 기타 교수 항공권과 숙식비용은 한강교회(김순영 목사)가 부담했다.

학위과정은 2016년 9월부터 2018년 2월까지 총 14회에 걸쳐서 과목마다 5일씩 오전 9시부터 오후 4시 반까지 집중 강의를 했다. 각 과목에 대한 시험과 논문 제출에 합격해서 석사학위를 받은 학생들은 모두 총 27명이었다.

졸업생들은 일반대학 졸업 후 신학사 과정을 마친 이들로서 해외 유학생 출신 5명, 치과의사 2명, 사업가와 육사 출신 각

1명 외에 대부분 목회자는 라오스 각 지방 감리사들이었다.

교수로서는 김흥규 박사, 조재국 박사, 김병태 박사, 이재은 박사, 장재원 목사, 인유진 목사 등이 강의를 담당했다. 영어강의 통역은 라오 복음주의 교회 유학파 출신인 킹펜과 파울로 목사, 한국어 통역은 전직 부통령 증손녀인 껀다이가 협력했다.

석사학위 수여식과 졸업 예배는 "주 하나님 지으신 모든 세계"라는 찬송이 울려 퍼지는 가운데 먼저 학위 수여자들의 입장이 있었고, 캄댕 부총회장의 개회기도, 이아 목사의 성경 봉독, 그리고 킹펜 목사의 찬양과 예배 인도 후 분타 목사가 학사보고를 했다.

이어서 장춘식 총장이 호명된 학생들에게 석사학위를 수여했다. 졸업 식사는 총장과 부총장이 각기 했고, 권면사는 박동찬 이사장, 그리고 내빈 축사는 세계로 금란교회 주성민 목사가 학생들의 졸업을 축하하는데, 졸업생들과 하객들에게 큰 감동을 주었다.

졸업생들은 그 후 모두 기립해서 교회에 충성하며 전도와 선교에 총력을 기울일 것을 서약하고 헌신하였다.

너희는 온 세상에 나가서, 만민에게 복음을 전파하여라. (막 16:15)

프로비던스 학교

라오스 유일의 미션스쿨

프로비던스 학교(Providence School)는 비엔티안의 나싸이 교회 오른편에 붙어 있다. 프로비던스는 영어로 '섭리'라는 뜻이다.

이 학교는 미국 파크 씨티스 장로교회의 커트 닫즈(Curt Dodds) 평신도 선교사가 2007년에 설립했고, 2010년 미국으로 귀국한 후, 현재는 라오스 교회 목회자가 인수해서 운영하고 있다. 학생 수는 유치원 50명과

초등학교 150명이고, 교사는 15명의 기독교인으로 구성되어 있다.

라오스에서 해외 선교사들은 유치원과 초·중·고·대학들을 설립하고, 교육을 통해 학생들에게 기독교 정신을 불어 넣어 주려고 고심하고 있다. 하지만 부주의하면 내국인에게 전도했다고 체포되어 추방당할 수 있다. 그러한 경우에 학교들은 폐쇄 당하고 만다.

프로비던스 학교는 그러나 라오스에서 기독교 계통의 유

일한 미션스쿨이다. 그러므로 입학식, 졸업식 그리고 기타 행사들은 모두 나싸이 교회에서 거행한다.

프로비던스 학교가 모든 행사를 나싸이 교회에서 진행하는 것은 예산 부족으로 교내에 강당을 건립하지 못했기 때문이기도 하다. 학교장의 소망은 따라서 교내에 강당 겸 채플을 건립하는 것이다.

학교에서는 언제나 해외 중·단기 선교 봉사자들을 환영한다. 라오어를 잘 사용하지 않아도 되는 체육, 음악, 영어 등의 과목들은 학생들에게 인기가 많다. 컴퓨터 교육도 그렇다.

몇 년 전 우리나라 한 여대생은 한 주간 음악 교사로 봉사하며, 리코더 합주단을 조직해서 훈련하고, 연주회를 통해 동요와 간단한 CCM과 어메이징 그레이스 등을 발표한 적이 있다.

언젠가 기회가 되면 라오스 어린이 합창단이나 스포츠단을 조직해서 활동하는 것도 라오스 교회 선교에 큰 도움이 되리라고 본다.

또한 선교사들이 설립한 모든 학교도 하루속히 두려움 없이 선교적 사명을 감당할 날이 오기를 기대한다.

이와 같이 이 작은 자 중의 하나라도 잃는 것은 하늘에 계신 너희 아버지의 뜻이 아니니라(마 18:14).

라오스 교회
예식

함께 음식을 나누며 교제하는 것은 모두의 기쁨이요 즐거움이다.
학생들은 한입 먹고 엄지를 치켜세우고, 또 한입 먹고 다시
엄지를 치켜세운다. 한식 먹는 날은 잔칫날이다.

크리스마스

쑥싼완킨싸맏!

12월이 오면 라오스의 분위기는 들썩이기 시작한다. 크리스마스 때문이다.

이 나라는 과연 공산주의 국가인가? 불교국가인가? 머리를 갸우뚱거리게 할 정도이다.

라오스 교회에도 제일 분주한 달은 12월이다.

대개 첫 주에는 지역별로 교회 학교 대항 축구 시합을 하고, 둘째 주에는 교단 총회를 개최한다.

교회 청소년들과 청년들은 12월이 되면, 매일 저녁 교회에 모여 성극, 노래, 춤 등을 연습한다. 또한, 청장년들은 여러 성탄 장식물들을 준비해서 교회 안팎을 최대한으로 아름답게

꾸미느라 부산하다.

크리스마스를 맞이하는 라오스 교회의 중요한 행사 가운데 하나는 동네 사람들을 위한 성탄 잔치이다. 라오스 교회에 있어서 크리스마스는 동네 사람들에게 전도할 좋은 때이기 때문이다.

교회는 한 날을 정해서 마을 주민 모두를 교회로 초청하고, 특별히 통장, 이장, 경찰서장 등과 마을 유지들은 앞자리에 앉게 하고, 준비한 선물과 음식을 나누며, 연습에 연습을 거듭한 노래와 춤을 선사하고, 하나님의 축복을 빈다.

　성탄전야에는 그동안 저녁마다 모여 연습했던 성탄 축하 공연을 한다.

　특히 시골교회에서는, 옛날에 우리도 어디서 보았던 것과 같이, 동네 사람들 모두 좁은 교회당이 터져나갈 듯 구경(?)하러 몰려들어 시끌벅적거린다.

　성탄 주일이 되면 오전에는 성찬 축하 예배를 드리고, 저녁에는 즐겁고 기쁜 마음으로 교인들의 헌금과 해외교회가 기부한 축하금이나 선물 등으로 다과와 음식과 선물을 나누고, 주민들과 더불어 아기 예수의 탄생을 축하하며, 모두 함께 소리 높여 "쑥싼완킨싸맏!"(메리 크리스마스!)라고 외친다.

더없이 높은 곳에서는 하나님께 영광이요, 땅에서는 주님께서 좋아하시는 사람들에게 평화로다(눅 2:14).

결혼식

응안땡덩

라오스의 전통 결혼식은 화려하고 흥겨운 축제 분위기를 자아낸다. 교회에서 드리는 결혼식도 마찬가지이다.

예식장은 온통 다양한 원색의 옷들을 차려입은 하객들로

넘쳐나고, 혼인 예배와 축하 행사와 피로연 등을 합치면 모든 순서는 보통 서너 시간씩 걸린다.

예식은 대개 저녁 시간에 거행된다.

청첩장을 받은 하객들은 예식장(교회) 입구에 마련된 함에 봉투를 집어넣는다.

축의금은 대개 우리나라 화폐 단위로 몇 천 원 정도이지만, 도시에서 아주 밀접한 사이에는 2~3만 원을 부조하기도 한다. 라오스에서는 제법 큰 액수이다.

예식은 주례자를 선두로 먼저 신랑 측 부모, 기도자, 그리고 신랑과 링 보이 모두 "기쁜 날, 기쁜 날" 찬송을 부르며 입장함으로써 시작된다.

라오스 교회는 결혼예식에서 우리나라 새 찬송가 285장 "주의 말씀 받은 그 날"을 즐겨 부른다.

라오스 교회의 결혼식은 십자가 앞에 촛불을 켜고 설교, 서약, 기도, 성혼선포 등을 통해 신랑과 신부가 하나님의 거룩한 뜻에 따라서 부부가 되어, 서로 사랑하며 선교와 전도의 사명을 감당할 것을 서약하고, 하객들은 모두 예수 그리스도 중심의 새 가정 탄생을 축하한다.

그 후 신랑과 신부, 양가 부모와 어른들, 주례자와 기도자에 대한 예물 증정, 축가 등 모든 순서는 차분하면서도 진지하게 진행된다. 속전속결의 우리나라 스타일하고는 전혀 다르다.

그런데 예식 중 슬쩍 주변을 둘러보면, 손에 수첩을 들고 식장을 휘저으며 이리저리 다니는 사람들을 볼 수 있다.

때가 때인지라 결혼식에 참가한 하객 중 불신자들을 찾아 전도하는 사람들이다. 결혼식만큼 좋은 전도의 경우도 없기 때문이다.

모두 혼인을 귀하게 여겨야 하고, 잠자리를 더럽히지 말아야 합니다. 음행하는 자와 간음하는 자는 하나님의 심판을 받을 것입니다(히 13:4).

장례식

응안쏩

라오스에서 비기독교인의 장례는 전통적으로 불교식 화장(다비식)을 하거나, 아니면 각 부족 전통에 따라서 매장을 하기도 한다.

전통 불교식 장례인 경우는 집에서 2~3일, 혹은 경제적 능력에 따라서 1주일 넘도록, 조문객을 받는다.

스님들은 하루에 2회 정도 빈소에 들러 불공과 염불을 드리고, 유족들과 친척들은 음식을 장만하여 조문객들을 접대한다.

일부 문상객들은 밤샘하며 음주나 카드놀이, 혹은 비디오 감상을 즐기기도 한다.

장례 마지막 날은 영구차로 발인해서 다비식을 하고, 그 후 조문객들에게 돈을 뿌려주고, 유골함을 납골탑에 안치하면, 그것으로 장례 일정이 끝난다.

그러나 기독교인들은 장례가 발생하면 고인의 시신을 교회에 안치하고, 2일이나 3일간의 장례 기간을 가진 후 묘지에 매장한다.

가족들과 유족들은 교회에서 밤샘하며 문상객을 맞고, 교우들은 모두 모여들어 음식 준비와 문상객 접대에 손을 돕는다.

카드 게임, 음주, 고성방가 등은 당연히 금지되어 있다.

교회는 시간을 정해 고인과 관계된 모든 사람을, 비기독교인이라도, 초청해 고인을 추모하며 장례예배를 드린다.

부활 메시지의 선포와 찬송으로 유족과 교우들을 위로하고 격려하며, 비기독교인들에게는 이 기회를 통해 복음을 전파한다.

　장례비용은 유족이 담당하는 것이 원칙이다. 하지만 유족이 재정적으로 약한 경우는 교회가 장례의 일체 비용을 부담한다.

　유족과 조문객은 장지에서 하관 예배가 끝난 후, 다시 교회에 모여 주님을 찬양하고 감사 예배를 드림으로써 장례의 모든 절차를 끝맺는다.

　라오스 교회에 있어서 장례식은 교우들이 서로 함께 모여 친교, 협력, 단결을 확인할 수 있는 때이다. 동시에 이웃에게 부활과 생명의 복음을 전파할 기회이기도 하다.

교회는 그러므로 정성을 다해 진지하고 엄숙하게 장례 예식을 총괄한다.

나는 부활이요 생명이니, 나를 믿는 사람은 죽어도 살고, 살아서 나를 믿는 사람은 영원히 죽지 아니할 것이다(요 11:25~26).

성례전

성만찬과 세례 예식

라오스 교회는 개신교 전통에 따라서 성만찬과 세례를 교회의 거룩한 두 성례전으로 삼고 있다.

성만찬 예식

성만찬 예식은 교회 절기에 따라서 행한다. 특별히 수난 절기와 종려주일에 모든 기독교인은 성찬식에 참여해서 예수 그리스도의 대속적 죽음과 보혈의 공로를 기억하고 회개하며 헌신을 다짐한다.

예배는 시종일관 진지하고 엄숙하다. 참여자는 성찬을 분급 받을 때마다 예수 그리스도의 고난과 죽음을 묵상하고 기도하며

주님을 기린다. 특별히 보혈의 잔을 받을 때는 모두 자리에서 일어나 감사하고, 잔을 마신 후에는 "나의 죄를 씻기는 예수의 피밖에 없네"를 찬송한다.

라오스 교회는 신학적으로 복음주의적 신학 전통을 따르고, 보수적이며, 기독교 윤리적인 면에서 기독교인의 주초(술과 담배)를 금지하고 있다. 그 때문에 2천년대 라오 성경 개정작업에서 포도주라는 용어 대신에 포도즙을 사용할 것을 강력하게 주장하기도 했다.

교회의 규칙을 위반하는 교인에게는 일정 기간 성찬식에

참석하지 못하도록 규정하고 있다.

세례 예식

라오스 교회는 세례 대신에 침례라는 용어를 사용한다. 복음을 받아들인 초신자들은 학습 기간을 마친 후, 죄를 고백하고, 또한 예수를 주와 그리스도로 신앙고백하고, 기독교인으로서 교회와 복음 전도에 헌신할 것을 서약하면 교회는 침례를 행한다.

침례 예식은 물이 있는 곳이면 강이나 개울 어디에서든지 행한다. 일부 교회는 침례용 욕조를 갖추고 있다.

그러나 침례용 욕조도 없고 강이나 개울도 멀리 떨어져 있으면,

예식은 교회 마당에서 하고, 그나마 마당도 없으면 수도꼭지가 있는 화장실에서 거행한다. 이때 주례자는 양동이에 물을 가득 받아 놓고 수세자의 머리에 바가지로 흠씬 퍼부으며 침례자 요한의 전통에 따라서 회개의 침례를 행한다.

"내가 네게 성부와 성자와 성령의 이름으로 침례를 베푸노라."

그러므로 여러분은 죄가 여러분의 죽을 몸을 지배하지 못하게 해서, 여러분이 몸의 정욕에 굴복하는 일이 없도록 하십시오(롬 6:12).

교회 학교
천국 잔치

라오스 여성은 대개 10대 후반부터 결혼해서 출산한다. 따라서 어느 동네를 들어서든지 집집마다 올망졸망한 아이들과 엄마 품에 안겨 젖을 물고 있는 아기들을 볼 수 있다. 2018년 통계에 의하면, 0~14세 어린이는 라오스 전체 인구의 32.5퍼센

트나 되었다.

 라오스 교회는 그러므로 아이들로 시끌벅적하고, 어린이들은 당연히 교회의 중요한 한 구성원으로서 교회 학교 어린이부를 차지하고 있다.

 라오스 교회에는 총회 산하 기구로서 교회 학교 부서가 조직되어 있고, 교회 학교 교재와 교육 프로그램 개발, 교사 강습과 훈련, 어린이 전도대회 등을 계획하고 시행한다.

 또한 어린이를 위한 찬송, 율동, 성경 이야기를 제작해서 보급하고, 6월 1일 어린이날 그리고 10월 7일 교사의 날 특별행사를 준비한다.

 농촌의 경우는, 그렇지만, 교사도 부족하고 교육환경도 열악

하여서 교회 학교 어린이 돌봄과 교육은 전적으로 목회자들이 담당할 수밖에 없다.

교회나 목회자나 모두 재정적으로 여유롭지 못한 것도 큰 문제이다. 교육내용으로는 아이들과 함께 자연 속에서 뛰어놀든지, 아니면 고작 어린이 찬송을 가르치고, 그 다음 성경 구절을 암송시켜 발표하게 하는 것이 전부이다.

그 때문에 라오스 교회는 농촌지역 교회 학교의 부족한 부분을 보충하고 전도도 할 목적으로 특별 전도팀을 조직하여, 전국적으로 순회하면서 어린이 집회를 연합적으로 개최한다.

지방 여러 곳의 교회 학교 어린이들을 한 자리에 불러 모아 예배, 재미난 놀이, 선물 그리고 간식 등으로 즐거운 천국 잔치를 벌이는 것이다.

어린이들이 내게 오는 것을 허락하고, 막지 말아라. 하나님의 나라는 이런 사람들의 것이다(막 10:14).

한식 먹는 날
잔칫날

　라오스 교회 글로벌신학대학원은 신학사 학위를 소지하고 있는 목회자들의 석사학위 과정이다. 강의는 교수와 학생 모두에게 언제나 감동적이다.

　멀리서 오는 이들은 18시간 정도 슬리핑 버스를 타고 이틀에 걸쳐서 학교에 도착한다.

　수업 시간에는 노트에 빼곡히 받아 적고, 궁금한 것은 질문하며, 아침부터 오후 늦은 시간까지 열심히 공부한다.

　강의 내용은 각자의 목양지에서 청년 혹은 평신도 지도자 양성 성경 교육 자료로 재활용된다.

　강의 시기 동안 식당에서 일하는 분들은 매일 딸랏싸오 (아침

시장)에 들려 장을 보고 온종일 정성스럽게 식사 준비를 한다.

점심은 캄펀 총회장을 비롯한 교수들과 함께하며 교제를 나눈다.

교수들은 매번 여러 종류의 라오 전통 음식을 대할 수 있으니 감사한 일이다. 하지만 새벽부터 주방에서 수고하는 이들에 대해서는 송구하기 그지없다.

그래서 몇 년 전부터 한 날 저녁 시간은 그들이 자유시간을 갖도록 하고, 학생들에게는 그 대신 한국 음식을 대접하고 있다.

한국식당과 한식은 라오스 사람들에게 고급에 속하고, 가격도 만만치 않다. 더욱이 지방에서는 한식을 맛볼 기회도 별로 없을뿐더러, 혹 한국식당이 있다고 하더라도 대부분은 외식에 익숙하지 않다.

한식으로 회식하는 것은 열심히 공부하는 학생들에 대한 보상과 위로도 되고, 또한 학생들 목양지의 구체적인 상황을 알아볼 수 있는 상담 시간도 되어서 좋다.

당일 저녁에는 20~30여 명의 사람이 둘러앉을 수 있는 한국식

당의 넓은 홀을 예약하고, 학생들은 좋아하는 자장면, 김밥, 그리고 전골 등 여러 가지 음식을 주문한다.

그런데 그중에서 빼놓을 수 없는 단골 메뉴는 김치이다. 라오스 사람들은 "김치 선교해 주세요!"라고 요청할 정도로 김치를 아주 좋아한다.

함께 음식을 나누며 교제하는 것은 모두의 기쁨이요 즐거움이다. 학생들은 한입 먹고 엄지를 치켜세우고, 또 한입 먹고 다시 엄지를 치켜세운다. 모두 배부르게 먹고 남은 것은 밤참을 위해 포장해 간다.

한식 먹는 날은 잔칫날이다.

그들은 모두 배불리 먹었다. 빵 부스러기와 물고기 남은 것을 주워 모으니, 열두 광주리에 가득 찼다(막 6:42~43).

라오스 교회 선교의

이모저모

라오스 교회는 부활하신 예수 그리스도의 "복음을 전파하여라."라는 지상명령에 따라서 전도를 열심히 한다. 특별히 사람들이 많이 모이는 결혼식, 장례식, 마을잔치 등은 전도의 좋은 기회이다.

텃밭 선교

농부이신 하나님

라오스 북쪽 루앙파방에는 유기농 텃밭을 경작해서 신선한 채소를 호텔이나 식품점에 납품하며, 라오스 교회의 선교를 위해 기도하는 일곱 명의 젊은 목회자들이 있다.

텃밭은 지주에게 세를 주고 대여한 것이다.

이 그룹의 어느 한 목회자는 일반대학을 졸업한 후, 홍콩 유학까지 다녀온 지성파이다. 그러나 교회에서는 한 푼의 생활비도 받지 못한다. 다른 목회자들도 다 마찬가지이다.

사실, 가정교회 대부분은 재정이라 할 것도 없어서 목회자의 생활비는 생각할 수도 없다. 그래서 몇 명은 지난해 관광 가이드로 일했다.

하지만 코로나19로 관광객들의 발길이 끊어지자 어느 목회자는 영어강습을 시작하기도 했다.

이러한 상황 속에서 젊은 목회자들이 텃밭을 일구고 있는 것은 단순하게 생계를 위한 것으로 오해될 수도 있다.

그러나 그들이 텃밭을 경영하는 까닭은 자신과 가족의 생계 때문에 그런 것이 아니다. 그보다 말씀에 따라서 먼저 하나님의 선교를 통해 복음을 전파하고 교회를 세우려는 사명 때문이다.

안타깝게도 지난해는 지주에게 농지 대여비를 지급하지 못해 텃밭 농사를 짓지 못했다. 그런데도 목회자들은 소박하게 텃밭 선교를 다시 계획하고, 향후 그 텃밭이 농장선교로 발전해서 라오스 선교의 자립에 보탬이 될 날을 기도하고 있다.

그러므로 무엇을 먹을까, 무엇을 마실까, 무엇을 입을까, 하고 걱정하지 말아라. 너희는 먼저 하나님의 나라와 하나님의 의를 구하여라. 그리하면 이 모든 것을 너희에게 더하여 주실 것이다(마 6:31, 33).

축구 선교

라오스 교회의 축구 사랑

라오스 사람들은 축구를 아주 좋아한다.

뛰놀 수 있는 운동장만 있으면 남녀 모두 공차기를 즐긴다.

축구는 라오스 사람들에게 마치 국민운동 경기 같은 생각이 든다. 그러나 피파(FIFA, 국제축구연맹) 순위하고는 전혀 상관이 없다.

라오스에서 축구로 이름이 알려진 우리나라 사람

으로는 에스라 센터의 김재양 단장이 있다. 그가 이끄는 에스라 팀은 라오스 8개의 1부 리그에서 1위를 하고 있다.

축구 사랑에 있어서는 라오스 교회 목회자들과 신도들도 예외일 수 없다. 비엔티안에서만도 대부분 교회는 여러 축구팀을 갖고 있고, 목회자들도 여러 팀으로 나뉘어 정기적으로 훈련과 게임을 즐긴다.

일흔 중반을 훨씬 넘어선 라오 복음주의 교회 캄펀 총회장도 경기가 있으면 유니폼을 입고 나와서 게임을 독려한다.

각 주에서도 교회는 자치적으로 여러 축구팀을 조직하고 관리한다. 교회 내부적으로 친목과 결속을 다지고, 외부적으로 전도와 선교를 하는 데 있어서 이보다 더 좋은 것은 없을 것 같다.

라오스 교회는 선교적인 측면에서 해외교회 축구팀의 방문과 친선 경기도 대환영한다. 함께 모여 예배드리고 대화하고 친목을 다지며 상호 간의 선교를 협의한다.

그런데 라오스 교회의 각 축구팀은 운영비가 늘 걱정이다. 기본적으로 축구공, 축구화, 유니폼 외 간식비 등 소소하게 필요한 것들을 충족시킬 수 있는 예산이 거의 없기 때문이다. 그러니 필요한 대로 서로 주머니를 털어 자급자족할 수밖에 없다. 때로는 단기 선교팀들이 방문해서 기증해 주는 축구용품이 얼마나 고마운지 모른다. 그렇지만 한 번 차고 나면 쭈그러지는 공은 별 도움이 되지 않는다.

축구 선교를 통해 라오스 선교가 활성화되기를 바란다.

경기장에서 달리기하는 사람들이 모두 달리지만, 상을 받는 사람은 하나뿐이라는 것을 여러분은 알지 못합니까? 이와 같이 여러분도 상을 받을 수 있도록 달리십시오(고전 9:24).

의료 선교

네 이웃을 네 몸같이

개신교 선교사로서 라오스를 처음으로 방문했던 사람은 미 장로교회의 맥길버리였다. 그는 1872년 4월, 라오스 첫 탐사 여행에 나서 루앙파방에서 6일을 머물 당시, 주민들로부터 책과 의료품을 달라는 요청을 끊임없이 받았다.

맥길버리는 따라서 문서선교와 의료 선교에 중점을 두고 라오스 선교를 실행 했다. 이러한 선교적 방법과 방향은 그 후 라오스에 진출한 대 부분 모든 해외 선교 회에도 교훈이 되었

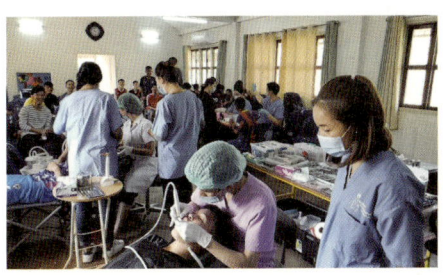

다. 선교사들은 한편으로는 성경과 기독교 서적 등을 번역해서 보급하고 다른 한편으로는 의료 활동을 통해 선교를 확대해 나갔다.

그러나 기독교 박해시기에 대부분의 해외 의료진들은 귀국했고, 병원들은 폐쇄되거나 방치되어 라오스 교회는 기독교 선교에 심각한 타격을 받을 수밖에 없었다.

우리나라의 경우 초기 선교사들은 의료와 교육 분야에 있어서 선교를 허락받았었다. 하지만 라오스는 아직도 외국인의 선교 행위를, 해외 단체의 병원설립 인가와는 별개로 금지하고 있으므로, 이것은 모든 해외 선교회가 가진 라오스 선교의 한계점과 문제라고 볼 수 있다.

현재 라오스에는 국립중앙병원 8곳, 사립병원은 1,050곳이 설립되어 있다. 의사의 비율은 비엔티안 지역은 1인당 1,089명이고, 전국 평균은 1인당 4,200명이다. 의료시설은 전반적으로 낙후된 상황을 면치 못하고 있다.

　라오스 교회는 이러한 상황 속에서 기독 의료인들을 통해 자체적으로 의료 선교를 하는 동시에, 라오스 대학생선교회(CCC) 의료팀과 협력하기도 한다.

　몇 년 전에는 해외 선교회의 후원과 협력으로 나싸이 교회 부속 건물에 클리닉을 두고 운영하기도 했었다.

　라오스 교회는 교단 차원에서 세계 각국의 해외 의료 선교팀들과 협력하고 관리하며, 의료 선교를 복음 전파에 활용하려고 노력하고 있다.

　　'네 이웃을 네 몸같이 사랑하여라' 이 계명보다 더 큰 계명은 없다(막 12:31).

영어 선교

선교 도구

우리나라에 들어왔던 첫 개신교 선교사들은 영어를 우리 민족 복음화와 인재 양성의 도구로 활용하였다. 우리가 그 이름

만 들어도 알 수 있
는 수많은 기독교
지도자들은 영어
교육을 통해 세계
적인 지도자로 배
양되어 국내외적
으로 그 사명을 감
당했다.

하지만 더러는 입신양명의 도구로 삼기도 했다. 일례로 찹쌀떡 행상으로 전전하던 이하영은 미 공사관 주재 외교관으로 부임했던 장로교회 의료 선교사 알렌과 우연히 만나 그의 집에서 요리사로 일하며 배운 영어로 벼락출세를 했다.

라오스도 마찬가지이다. 라오스 기독교 역사에 있어서, 특별히, 북부 지역은 영어권의 미 장로교회와 C&MA 선교회로부터 복음을 받아들였다. 그 때문에, 초기 라오스 기독교 지도자들은 대개 선교사를 통해 영어에 일찍 눈을 뜬 사람들이었다.

라오스의 공산화는 그렇지만 당시 라오스 기독교 지도자들의 국외 망명과 모든 학교에서 미국에 대한 반감과 더불어 영어교육 폐지를 불러왔었다. 그로 인해서 현재 라오스 목회자들 가운데서 영어로 소통이 가능한 사람들은 손꼽을 정도가 되었다.

라오스는 현재 초등학교부터 영어를 가르치고 있다. 학부모들은 그러나 자녀들을 국제학교에 들여보내려고 애쓰고 있다. 국제학교는 유치원 과정부터 영어교육을 하고 있기 때문이다. 우리나라처럼 교육열이 높은 라오스의 부모들은 심지어 영어 과외를 시키기도 한다.

라오스에는 선교적인 목적으로서 운영하는 영어 학원들이 있다. 라오스 교회도 여건만 되면 목회자를 비롯한 중·고·청년들을 모집해서 영어강습을 한다.

그렇지만 교사와 교재는 모두 부족하여서 대개는 해외 자원봉사자들의 협력에 의존하고 있다. 해외교회의 자원봉사자들은 방학 동안 영어강습회를 개최하고, 끝난 후 참가자들에게 수료증을 수여한다.

라오스 선교에 있어서 영어는 소통하고 협력할 수 있는 언어 가운데 하나이다.

그러므로 믿음은 들음에서 생기고, 들음은 그리스도를 전하는 말씀에서 비롯됩니다(롬 10:17).

전도 운동
MDC 훈련

라오스 교회는 부활하신 예수 그리스도의 "복음을 전파하여라."라는 지상명령에 따라서 전도를 열심히 한다.

교회에 소속되어 있는 외부 사역자들은 전도의 사명을 갖고 걷거나, 아니면 오토바이를 타고 온 지역을 찾아다닌다. 라오 목회자 대부분은 또한 일 년에 여러 차례씩 전도 계획을 세우고 사람의 발길이 닿기 어려운 지역을 찾아, 만나는 사람에게 마다 성경을 가르치고, 침례를 베풀고, 제자로 만들고, 가정교회를 개척한다.

특별히 사람들이 많이 모이는 결혼식, 장례식, 마을잔치 등은 전도의 좋은 기회이다. 도시교회는 그 결과로 매 주일 새 신자들

이 서너 명씩 등록할 정도이다.

비엔티안 주만 하더라도 교회 수는 몇 년 전에 비해 놀랍게 성장해서 이제는 팔십여 교회가 넘게 되었다. 이러한 추세라면 LEC는 몇 년 안으로 곧 1천 교회가 될 것이다.

전도 예산이 부족하다고 해서 우리나라 교회에서 전도 용품으로 사용하는 건빵이나 물티슈 등을 전달해 주기도 했다.

라오스 교회에서 전도를 가장 열심히 하는 인물은 캄펀 총회장이다. 몇 년 전 그는 성서적으로 제자화 훈련 교재 MDC(Multiplication, Discipleship, Churches)를 개발해서 국내외를 순회하며 목회자와 평신도들에게 전도를 독려하고 있다.

올 2021년도 라오스 교회는 15곳 도시에서 모두 400명의 교회 지도자에게 MDC 훈련을 시키고, 그들을 통해 7천 명에게 전도할 계획을 수립했다. 그 결과로 라오스 교회는 올 한해 90개 제자 그룹을 조직하고 20개 교회를 개척할 목표로 활동하고 있다.

라오스 교회는 신앙적으로 개혁교회의 복음주의 정신을 따르고 있다.

그러나 박해시기를 거치면서 그 정신은 종말론적 신앙으로 정착되었다. 라오스 기독교인들은 그러므로 마지막 때를 맞이해서 이전에는 하나님을 알지 못했던 사람들이 회개하고 구원받도록 그들을 하나님의 백성으로 만들고, 하나님의 선택 받은, 거룩한 남은 자들로서 사명을 감당하도록 전도하고 있다.

그러므로 너희는 가서, 모든 민족을 제자로 삼아서, 아버지와 아들과 성령의 이름으로 세례를 주고, 내가 너희에게 명령한 모든 것을 그들에게 가르쳐 지키게 하여라(마 28:19~20).

전도 특공대

어린이 제자화

라오스에서 크리스마스는 세속적인 공휴일이다.

12월이 되면 이곳저곳에 세워진 성탄 장식들과 요란하게

포장된 선물꾸러미들이 분위기를 한층 돋운다. 그러나 기독교적인 성탄의 메시지는 전혀 찾아볼 수 없다.

라오스 교회는 그 때문에 해마다 12월이 되면, 크리스마스를 맞이해서 특별히 어린이들에게 성탄의 의미와 그 뜻을 가르쳐주고, 제자화 운동의 한 훈련 프로그램으로 전도 특공대를 편성해서 활동한다. 크리스마스 시즌은 특별히 선물을 주고받는 어린이에게 복음을 전파할 수 있는 계절이기 때문이다.

지난해 전도 특공대는 12월 초순부터 한 달 동안 비엔티안 주 각 지역교회와 학교를 방문해서 게임, 성탄 캐럴, 댄스, 말씀 선포, 선물 나누기 등을 실시하며 전도 활동을 펼쳤다.

제자화 운동의 핵심은 크리스마스 이야기, 비디오 시청, 말씀 선포, 자비석 초청, 결신 기도를 통해 어린이를 예수 그리스도의 제자가 되게 하는 것이다.

전도 특공대는 지난해 12월 한 달 동안 비엔티안 주 20여 교회에서 2천여 명의 어린이들에게 복음을 전파했고, 모두 819명의 어린이가 예수 그리스도를 영접했다.

교회 목회자들과 어린이들에 대한 성탄 선물은 내가 소속되어 있는 교회에서 전적으로 후원했다. 한편, 기독교대한감리회 원로 목회자 합주단은 2017년도 12월에 라오스를 방문해 10여 곳의 학교와 교회를 순회하며 연주 활동으로 행사를 협력했었다.

이 모든 일에 감사하는 라오스 교회에 주님의 은총과 축복이 늘 함께하며, 언제나 겸손과 사랑이 넘치는 후원이 계속되기를 바라는 마음이다.

예수는 지혜와 키가 자라고, 하나님과 사람에게 더욱 사랑을 받았다(눅 2:52).

**하나님의 집은
만민의 집이라!**

일반적으로, 해외교회가 교회 건축을 후원할 때
가장 좋은 방법은, 라오스 교회 건축 관계자와 협의해서
건축 부지는 라오스 교회가 준비하고
후원교회는 건축비만 부담하는 것이다.

교회 건축
하나님의 집

라오스에는 현재 약 9백여 곳에 교회가 설립되어 있다. 그중에서 교회당 건물을 가진 곳은 2백여 곳이다. 건물의 크기는 20~30평 되는 작은 것들부터 시작해서 보통은 50~60평 정도이고, 큰 것들은 2~3층 정도에 이르기까지 다양하다.

이 교회당들은 대개 해외교회의 후원으로 건축되었다. 감사하게도 한국교회는 1990년대 이후 라오스 교회 건축에 큰 몫을 감당해 왔다.

나머지 7백여 곳은 모두 가정교회이다.

라오스에서 가정교회라는 용어는, 비밀 교회나 지하교회 개념과 달리, 문자 그대로 교회당 없이 개인의 가옥이나 옥외

에서 예배드리는 교회를 일컫는 말이다.

가정교회의 규모는 작게는 여남은 명도 못 되는 작은 공동체로부터 크게는 그늘막을 치고 1~2백 명씩 모이는 곳도 있다.

가정교회 신도들의 소망과 기도의 제목은 자신들의 교회당을 건축하고 그 안에서 예배드리는 것이다. 그러나 대부분 교회는 재정적으로 역부족인 것이 현실이다. 그 때문에 목회자들은 친분이 있는 선교사나 해외교회에 후원을 요청해서 교회를 건축하기도 한다.

그렇지만 그러한 교회는 목회자의 사유재산이 될 위험도 있고, 또한 여러 가지 문제를 일으키기도 한다.

총회 본부는 따라서 교회의 개인 소유화를 지양하고, 전국적으로 교회의 균등한 발전을 도모하기 위하여 교회 건축위원회를 통하여 교회 건축사업을 관리하고 있다.

일반적으로, 해외교회가 교회 건축을 후원할 때 가장 좋은 방법은, 라오스 교회 건축 관계자와 협의해서 건축 부지는 라오스 교회가 준비하고 후원교회는 건축비만 부담하는 것이다. 그러할 경우 교회당 건축을 희망하는 교회는 건축 예정지역의 대지를 먼저 확보한 후, 부동산 등기서류와 함께 부동산 기증자, 교회 목사, 장로 등이 연명해서 교단에 증여하는 서류를 준비해

야 한다.

그 다음, 교회 건축에 있어서 가장 중요한 서류는 정부 종교 당국에서 발행하는 건축 인가증이다. 당국의 허락이 없는 교회 건축은 불법이기 때문이다.

교회는 이 서류들과 함께 교회 담임자의 신앙고백, 교회 현황, 50~60평 정도 규모의 건축설계, 그리고 건축 일정을 제출해야 한다.

건축비는 자재비가 이전보다 훨씬 많이 올라 요즈음은 미화로 2만 불 정도의 비용이 든다.

> 이제 주님께서 계시기를 바라서, 이 웅장한 집을 지었습니다.
> 이 집은 주님께서 영원히 계실 곳입니다(왕상 8:13).

코로나19

기도해 주세요!

교회는 코로나19로 인해서 많은 어려움을 겪었다. 교회 선교는 말할 필요도 없다. 임지를 떠나 온 선교사들은 안타까운 마음에 발만 동동 굴릴 수밖에 없었다.

나도 라오스 학생들로부터 "장 박사님! 빨리 졸업장 주세요!"라는 메시지를 받은 적이 한두 번이 아니다. 예정대로였다면, 지난해 5월 마지막 한 주간 수업을 끝내고 석사학위 수여식을 거행했어야 했다.

라오스 교회는 그러나 코로나19로 인해서 좋은 점도 있었다. 교회 건축의 호기를 맞이한 것이다. 그동안 부동산을 움켜쥐고 있던 사람들이 경기침체로 매물을 헐값에 내놓았기 때문이다.

그렇지만 건축비는 국경 봉쇄로 인하여, 주로 수입에 의존하는 건축자재비가 폭등하는 바람에, 이전보다 더욱 상승했다.

라오스 교회로부터 "기도해 주세요!"라는 메시지를 받았다. 그래서 여러 곳에 교회가 건축되도록 기도했다.

우리나라 교회는 국내외 교회 건축을 후원할 때, 교회 이름은 후원교회의 지교회로 명명하도록 부탁하기도 하고, 헌당식에 참석해서 사진 찍어 교회 선교의 홍보로 활용하는 경우들을 흔히 볼 수 있다.

라오스 교회는 그러나 그럴 때 난처한 처지에 처할 수밖에 없다. 우선 생소한 외국어로 된 교회 명칭이라든지 하객으로

참석한 외국인의 존재는, 라오스 경찰이나 종교 당국에 해외자금을 추적해서 교회를 억압하고 박해할 빌미를 제공해 주기 때문이다.

따라서 모든 것은 현지교회 목회자나 교단 관계자와 협의해서 실행하는 것이 제일 좋다.

라오스 목회자들의 "기도해 주세요!"라는 말은 교회 건축비를 후원해 달라는 요청이다. 동시에 그 이상은 간섭하지 말라는 정중한 부탁이기도 하다. 잘 새겨들어야 한다.

그러므로 나는 무엇보다도 먼저, 모든 사람을 위해서 하나님께 간구와 기도와 중보 기도와 감사 기도를 드리라고 그대에게 권합니다(딤전 2:1).

돗자리 교회

다목적 교회

라오스 교회의 대부분은 돗자리 교회이다. 그 말인즉슨 라오스에서 많은 교회는 아직도 바닥에 돗자리를 깔고 앉아서 예배드린다는 말이다.

라오스 교회는 대개 50~60평 크기의 교회를 건축한다. 건축 기간은 서너 달 뚝딱 거리면 완공한다. 교회 바닥은 주로 타일로 마감한다.

라오스에서 장의자를 사용하고 있는 교회들은 특별한 교

회라고 할 수 있다. 그런데 사실 그 장의자도 우리나라에서 볼 수 있는 그러한 의자들은 아니다. 라오스에서 성구 제작업은 아직도 시기상조여서 벤치처럼 투박하게 나무로 걸터앉을 수 있게 만든 의자들이다. 그러므로 일부 교회는 장의자 대신 플라스틱 의자를 사용하거나, 아니면 방석과 플라스틱 의자를 겸용해서 사용한다.

라오스 교회는 그러나 일반적으로 아직도 돗자리를 사용하고 있는 곳이 많다. 돗자리를 몇 장 펼 수 있느냐에 따라서 교회 크기를 가늠해 볼 수도 있다. 아주 작은 교회는 돗자리를 두세 장 깔 정도이다.

돗자리 교회에는 여러 장점이 있다. 우선 예배드릴 때 1~2백 명의 사람이 서로 모여 앉아서 무릎 꿇고 기도드릴 수 있으니 좋고, 예배 후 그 자리에서 둘러앉아 음식을 나누며 교제할 수도 있으니 좋다. 또한 피곤할 때 잠깐씩 누워 쉬기에도 아주 좋

다. 특별히 연합모임을 할 때는 밤에 잠자리로도 안성맞춤이다. 왜냐하면 그러할 경우 달리 외부에서 숙박시설을 사용한다는 것은 상상도 할 수 없는 일이기 때문이다. 지방일수록 이 점은 특별히 중요하다. 마지막으로 돗자리 교회는 청소하기에도 편하고 좋다.

라오스에서 돗자리 교회는 주님을 사랑하는 형제자매들이 자신들의 형편에 맞추어 예배, 교육, 친교, 숙박을 위하여 그 공간을 100퍼센트 이상 다목적으로 활용하는 하나님의 집이다.

이곳은 영원히 내가 쉴 곳, 이곳을 내가 원하니, 나는 여기에서 살겠다(시 132:14).

라오 염소은행

낳고 또 낳고

라오스는 지난해 2020년 봄, 코로나 방역을 위해 10주 동안 강제로 자가 격리를 시행했다. 당시 확진자들은 모두 23명이었다. (2021년도 5월 말 누적 확진자 수는 총 1,912명이다.)

국경 검문소들은 폐쇄되었고 국내외 항공편을 비롯한 관광과 대부분의 상점은 셧다운 되었다.

직접 타격을 받은 곳은 농촌지역이었다. 먹을 양식이 없는 사람들은 일도 못 하니 굶어 죽을 판이었다. 교회도 예외는 아니었다.

목회자들도 그렇고 교인들도 꼴과 형편이 말이 아니었다.

처음에는 구제비를 송금해서 급한 대로 양식을 사도록 했다.

하지만 "가난은 나라님도 구제 못 한다."라는 말처럼 그것도 밑 빠진 독에 물 붓는 것과 마찬가지였다.

어떻게 하여야 할 것인가? 고민하며 기도하던 중 퍼뜩 떠오른 생각이 염소은행을 설립하는 것이었다.

염소는 소보다 가격이 저렴하고 키우기도 쉽다. 그래서 잘 키워서 가난한 목회자들과 교인들의 생활에 조금이나마 보탬이 되었으면, 그리고 교회 스스로 봉사와 선교를 할 수 있는 기틀을 마련할 수 있다면 좋을 것 같았다.

내가 소속되어 있는 교회 성도들과 그 외 여러 지인이 한두 마리씩 염소분양을 협력해 주었다.

염소은행은 작년 봄에 루앙파방 지역 목회자들에게 10마리를 무상으로 분양해 주었다. 분양조건은 새끼를 낳으면 분양받은 마릿수만큼 상환하는 것이었다.

그 후 여름에는 비엔티안 인근 교회에 다시 5마리를 분양했다. 루앙파방 지역에서는 분양 후 서너 달 지나 첫 2마리의 어린 염소들이 태어나더니 연말에는 무려 40마리가 되었고, 비엔티안에서도 금방 4마리 새끼들이 태어났다.

염소가 태어났다는 소식을 전해들을 때마다 기쁨과 감사의 함박웃음이 절로 터져 나왔다. 올 2021년 봄에는 분양계약에 따라서 루앙파방에서 상환 받은 10마리를 우돔싸이 지역에 재분양했고, 싸이냐불리 지역과 롱싼 몽족 지역에는 새 농장을 만들었다.

염소야! 낳고 또 낳고 계속 낳아라!

그런데 더러는 좋은 땅에 떨어져서, 싹이 나고, 자라서, 열매를 맺었다. 그리하여 삼십 배, 육십 배, 백 배가 되었다(막 4:8).

교회 복지시설

기숙학교

라오스 교회의 지난 30년은 생존의 위기에서 벗어나 교회 성장에 매진한 시기였다고 볼 수 있다. 사회복지에 눈 돌릴 만한 여유가 없었다.

그러나 교회는 이제 사회 선교적인 측면에서 장애인, 어린이, 여성, 노약자에 관한 관심을 두고 그에 대한 맞춤형 복지시설을 준비하고 있다.

교회는 그동안 어린이와 청소년 복지 문제에 관심을 기울여 왔다.

라오스에서 0~14세 어린이와 청소년층은 전체 인구의 30퍼센트를 웃돌고 있다. 영아(49명/1,000명)와 5세 이하(63명

/1,000명) 사망률은 주변국 미얀마나 캄보디아보다도 높고, 태국의 3.5배 이상으로서 세계 최고 수준이다.

영양 상태도 열악한 형편이다. 게다가 경제적 빈곤, 무지, 질병으로 방치된 어린이와 청소년들은 마약중독과 가정폭력에 노출되어 있고, 인신매매로 태국, 베트남, 중국 등 여러 나라에서 성 매춘과 강제노동에 내몰려 보호받지 못하는 경우들이 많다.

라오스 교회는 그 때문에 지역별로 결손가정의 어린이나 청소년들을 위한 복지관을 운영한다.

농촌지역의 경우는 각 지역에 흩어져 있는 개교회 출신의 고아나 청소년 15~20명을 한곳에 모아 숙식과 장학금을 지원하

며 교육하고 있다.

이러한 복지관은 기숙학교의 성격을 띠고 있다. 운영비는 구체적으로 숙소 전세비 연 600불, 학생 일인당 등록금 연 30불, 교재 및 교비 일인당 연 50불, 식비 일인당 1일 2불, 그리고 의료비 연 20불 정도가 소요된다.

도시의 경우에는 고아나 결손가정의 아동들을 위한 방과 후 교실이나 쉼터를 운영하기도 하고, 또한 국립대학이 위치한 위양짠, 루앙파방, 싸완나켓, 짬빠싹 지역에서는 미래 청년 지도자 양성을 목적으로 기숙사를 운영하기도 한다.

나는 지친 사람들에게 새 힘을 주고, 굶주려서 허약해진 사람들을 배불리 먹이겠다(렘 31:25).

청소년 마약 퇴치 운동

Think Small Ministry

라오스 사회에 있어서 마약 문제는 여간 심각한 것이 아니다. 과거에 라오스의 마약은 라오스 북서부 지역 고산지대에서 생산되는 아편이 대부분이었다. 아편은 가을 추수가 끝난 후 무료한 사람들에게 인기가 있었다. 그런데 지금은 인근 태국으로 건너가 마약과 도박에 결혼까지 다시 하며, 그 해 농사지어 번 돈을 모두 탕진하는 일들이 발생하고 있다. 이러한 모습은 라오스 사회에

큰 문제가 아닐 수 없다.

그러나 이보다 더 큰 충격적인 문제는 바로 청소년들의 마약중독이다. 이들은 태국 등지에서 마약상들을 통해 밀반입되는 헤로인과 여러 신종마약 가운데 특히 가격이 저렴한 암페타민에 무방비적으로 노출되어 중독되고 있기 때문이다.

마약중독은 라오스 청소년들을 비행, 사회적 폭력 그리고 인신매매 등의 범죄와 가정파괴로 내몰고 있다.

라오스 복음주의 교회(LEC)는 그 때문에 사회 선교적인 측면에서, 청소년의 마약 퇴치와 그들에 대한 전도를 목적으로 Think

Small Ministry(TSM)와 협력해서 활동하고 있다. TSM은 태국에서 청소년 성매매, 학대 그리고 마약 방지를 목적으로 설립된 재단이다.

TSM 라오스 교회 목회자들은 4~5명으로 전담팀을 구성하고, 정기적으로 전국의 각 학교나 교회를 순회하며 마임, 게임, 강의 등으로 마약 해방(Drug Free) 캠페인을 벌이는 동시에, 다른 한편으로는 전도를 위해 성경을 가르쳐주고, 예배를 통해 결신자를 초청하고 기도한다.

몇 년 전, TSM의 어느 목사는 클라리넷으로 "좋으신 하나님!" 복음성가를 조금 배웠다. 그는 그 후 학교 어린이들에게 전도 나가서 삑! 빽! 거리며 클라리넷을 연주했다. 그리고 "예수 믿을 사람 손드세요!"라고 했다. 놀랍고 감사한 것은, 여러 학교에서 클라리넷을 처음 본 아이들이 무려 수백 명씩이나 손을 번쩍 치켜든 것이다. 할렐루야!

여러분이 전에는 어둠이었으나, 지금은 주님 안에서 빛입니다. 빛의 자녀답게 사십시오(엡 5:8).

앞만 바라보며 나아가는

사명자들

라오스 교회는 어떠한 억압과 차별 속에서도 좌절하지 않고,
박해자들을 위하여 그리고 또한 억압과 차별받는
기독교인들 모두를 위하여 기도하며 조용히 복음 전파와
선교의 영역을 확장해 나가고 있다.

지방 행정센터

본부 나와라! 오버!

　라오스 교회는 각주에 지방 행정센터를 두고 있다. 지방 행정 센터는 지역교회를 관리하고 감독하는 한편, 중앙본부와 유기적인 관계를 통해 전도와 선교를 독려하는 행정기구이다.

　라오스 남부 지역 짬빠싹 주의 지방 행정센터는 주도인 빡쎄에 있다. 프랑스는 2차 세계대전 이전까지 이 지역에 베트남인들을 이주시켰는데, 그들이 전체 인구의 절반을 훌쩍 넘길 정도였다.

　빡쎄는 왼쪽으로는 태국, 오른쪽으로는 베트남, 그리고 남쪽으로 캄보디아와 국경을 맞대고 있고, 국제공항과 종합대학을 보유하고 있는, 남부 라오스에서, 가장 번화한 교육, 관광, 물류 도시이다.

이 지역에는 선교적인 측면에서 국제 유치원을 운영하는 외국인 선교사들이 있다. 그러나 초등학교를 운영하는 해외 선교 기관은 없어서 유치원을 졸업한 아동들은 대부분 아랍국제 초등학교로 진학하고 있다. 그 때문에 그들은 한국교회에서 선교를 위하여 이 지역에 국제초등학교를 설립해 달라고 요청하고 있다.

라오스 교회의 지방 행정센터는 각주마다 모두 독자적으로 센터 건물을 소유하고 있는 것은 아니다. 수도 위앙짠(비엔티안)의 LEC 총회 본부만 하더라도, 사무실은 나캄 교회 시설 일부를 사용하고 있다. 빡세 행정센터는, 그에 비하여, 넓은 부지에 단독 2층 건물로 1층은 사무실, 교실, 숙소 그리고 2층은 교회와 강당 용도로 건축되어 있다.

이 지역 목회자들은 이곳에서 분기별로 새 신자 교육, 청년 신학교육, 교회 학교 교사와 여선교회 훈련 등 지방 사업을 벌인다. 2박 3일 정도의 교육과 훈련비 예산은 미화 7백 불 정도 소요된다. 매일 저녁 2층에서는 영어강좌 등 실용 교육을 시행한다. 운동장 옆으로는 목회자 숙소들이 있고, 전도 목적으로 지방 출신 대학생들을 위한 기숙사를 운영하고 있다.

스위스 형제단의 선교사들은 라오스 선교 초기, 이 지역에서 선교 활동을 활발하게 전개했었다. 라오스 공산정부는 그렇지만 1975년 이후 대부분 교회들을 폐쇄했다.

라오스 교회는 그러나 지방 행정센터의 지원과 협력을 통해 현재까지 이 지역 70여 마을에 31 교회를 다시 설립했다. 그중 자체적으로 교회당 건물을 소유하고 있는 곳은 15곳이다. 이 지역의 신도 수는 총 5,200여 명이고, 목사는 모두 41명이다.

주님께서는 계획하는 일도 크시고, 실천하는 힘도 강하시며, 사람들의 모든 삶을 감찰하시고, 각자의 행동과 행실의 결실에 따라서 갚아 주십니다(렘 32:19).

목회자의 생활

만나와 메추라기

라오스는 사회주의 국가이다. 하지만 그렇다고 해서 모든 사람이 경제적으로 다 똑같은 것은 아니다. 어떤 이들은 우리가 상상하는 것 이상으로 풍족한 삶을 누리고 있다.

그러나 자녀들을 모두 해외에 유학시키고, 여행도 자주 하며, 경제적으로 넉넉한 생활을 하는 이들은 정말 극히 일부분이고, 대부분은 가난하고, 별 소득도 없고, 하루에

두 끼니 밥을 먹기도 힘들다.

목회자들도 마찬가지이다. 많은 목회자는 이 일 저 일 노동하며 어렵게 살고 있다.

라오스 교회에는 따라서 목회자에 대한 "사례비 같은" 것이 없다. 그러하니 당연히 교회에서 봉급 혹은 월급 같은 용어도 사용하지 않는다.

라오스 교회의 암흑시기를 돌이켜보면, 불면 금방이라도 꺼질 듯 깜박거렸던 그 암울했던 생존의 현실 속에서, 교회에 무슨 목회자 사례비가 있었겠는가? 생활비는커녕 교회의 존재 그 자체도 보장받을 수 없었던 것이 당시 현실이었다.

라오스 교회는 그러한 상황 속에서 목회자는 사례비 없이 목회자 스스로 생활을 해결하도록 교육을 해왔다.

각 교회는 목회자에게, 할 수 있다면, 오직 복음 전파와 선교를 위한 활동비만 지급하도록 했다. 그리고 목회자는 생계를 위하여 이중직을 갖도록 훈련한 것이다.

라오스 교회는 지금도 그러한 원칙을 지키고 있다. (미 연합감리교회는 60여 명의 목사에게 매월 100불의 생활비를 지원한다.)

라오스 교회 목회자는, 그러므로, 교회에 의존하지 않고 생활비는 스스로 해결하고 있다. 따라서 농촌 목회자의 경우는 농부, 노동자, 목수, 관광 도우미 등 그때그때 주어지는 일을 한다. 그렇지만 대개는 그나마 딱히 할 일이 없는 경우가 허다하다.

라오스 목회자들은 그러함에도 불구하고 그러한 어려움 속에서 복음 선포의 사명을 감당하며 전도하고 교회를 개척하고 있다.

그러면 목회자와 그 많은 식구는 어떻게 먹고살 수 있을까? 그들의 삶을 보면 기적이라고 할 수밖에 없다.

라오스에서 목회자는 하늘 메추라기와 만나가 없으면 생존할 수 없기 때문이다.

그들이 먹거리를 찾을 때에, 그가 메추라기를 몰아다 주시며, 하늘 양식으로 배부르게 해주셨다(시 105:40).

전임과 비전임
소명에 대한 확신

　라오스 교회에는 목회자로 전도사 500여 명과 목사 200여 명이 활동하고 있다. 전도사는 일반학부와 신학대학교 6년 혹은 7년 수학 과정을 거친 이들이고, 교회에서는 모두 무급으로 활동하고 있다.

　그에 비하여 목사는 3년 전도사 수련 과정을 마친 후 안수 받은 이들로서, 선교활동비 수급 여부에 따라서 전임과 비전임으로 구분된다.

　우선 전임 목사들은 교회를 담임하고 있거나 교단 총회 행정본부나 지방 센터에서 활동하며 선교비를 지원받고 있는 이들이다. 이들 중 약간 명은 해외 유학파로서 해외교회와 협력하고,

라오스 교회를 대표해서 아시아와 세계교회협의회 여러 위원회에 참석하기도 한다.

그러나 이러한 전임 목사들은 수적으로 그리 많지 않다. 또한 매월 지원받는 일정의 선교비 혹은 활동비도 그 비용이 너무나 적어서 자녀들 우유 값 정도인 미화 1백 불이나 많아야 2백 불 정도에 불과하다.

그 외 라오스 교회의 모든 목회자는 모두 시간제 혹은 비전임 사역자들이다. 라오스 교회에서 목회자의 가정 경제 운용은 목회자 스스로 해결해야 하기 때문이다. 그러므로 목회자 대부분은 이중직으로 교수, 의사, 변호사, 교사, 회사원, 부동산 중개인, 자영업자 등 다양한 직업을 갖고 있고, 또 몇몇은 교회 연합기관이나 여러 NGO 단체에서 정직원으로 근무하기도 한다.

하지만 도시 이외의 농촌지역에서는 주로 농사짓는 일이나 막노동 외에 별로 이렇다 할 일도 없는 고로 목회자의 소득증대를 위한 프로그램 개발은 라오스 교회의 큰 과제 가운데 하나이다.

비전임 목회자는 평일에는 자신의 경제적 활동에 종사하고, 목요일 저녁과 주일에는 소속 교회에 출석해서 각자 맡은 일을 수행함으로써 사역을 감당한다.

특별히 재정이 넉넉하지 못한 교회의 경우는, 가정교회이든 아니면 단독 건물을 가진 교회이든, 상황에 따라서 여럿이 공동으로 목회 사역을 한다.

그러나 놀라운 것은 목회자는, 전임이든 비전임이든, 활동비에 상관하지 않고 소명에 대한 확신과 열정을 갖고 오직 복음 전파와 교회 개척에만 힘을 쏟는 것이다. 라오스 교회의 대부분은 목회자를 제대로 보살필 여유도 없을 정도로 연약하다. 그런데도 교회 수는 점차 증가하고 있는 것은 바로 그 때문이다.

> 그대는 말씀을 선포하십시오. 기회가 좋든지 나쁘든지, 꾸준하게 힘쓰십시오. 끝까지 참고 가르치면서, 책망하고 경계하고 권면하십시오(딤후 4:2).

양성평등

여성 목회자

양성평등이란 성별에 따른 차별, 편견, 비하 및 폭력 없이 인권을 동등하게 보장받고 모든 영역에 동등하게 참여하고 대우받는 것을 의미한다. (양성평등기본법 제3조 1항)

세계경제포럼의 "2019 글로벌 성 격차보고서"에 의하면 우리나라의 성 평등 지수 순위는 153개국 중 142위이었다. 부끄러운 모습이다. 그에 비하여 라오스는 우리나라보다 훨씬 앞서 43위이었다.

라오스 교회는 어느 곳에서나 헌법에서 보장하고 있는 양성의 평등한 모습을 보여주고 있다. 여성이라고 해서 교회에서 차별

당하고 억압당하는 일은 없다. 교회조직의 구성에 있어서 남성과 여성의 참여는 모두 독립적이고 평등하다.

목회자도 여성은 미혼이든 기혼이든, 혹은 부부 목회자이든, 그 사역과 활동은 자연스럽고, 당당하고, 편견이 없다.

우리나라 교회 안에 만연된 가부장적 사고와 행태, 그리고 근절되지 않고 있는 목회자의 성폭력 상황에 비하면, 라오스 교회에서 남녀를 구별하고 차별하는 것은 상상할 수 없다.

그러니 라오스 목회자들에게 한국교회의 남성중심적이고, 가부장적이며, 권위적인 모습은 이해가 되지 않고, 이상하게 보일 뿐이다. 라오스 교회는 양성평등의 모범적인 세계교회

가운데 하나이다.

라오 복음주의 교회 여목회자 사무실은 비엔티안의 나싸이 교회 1층에 있다.

하나님이 당신의 형상대로 사람을 창조하셨으니, 곧 하나님의 형상대로 사람을 창조하셨다. 하나님이 그들을 남자와 여자로 창조하셨다(창 1:27).

선교의 관리자
협력자와 동역자

　라오스 교회는 세계교회에서 가장 연약한 교회 가운데 하나이다. 자체적으로 교회당 건물을 가진 곳은 전국에 2백여 곳밖에 되지 않는다. 수적으로 볼 때 라오스 교회에는 신도 재적수 1천여 명을 오가는 대교회들도 여럿 있다. 하지만 그러한 몇 교회들이 라오스 교회의 전체 모습은 아니다. 라오스의 많은 교회와 목회자는 아직도 여러 면에서 열악한 환경을 벗어나기 위해 수고하고 있고, 따라서 도움이 절실하게 필요하다.

　그러나 그렇다고 해서 라오스 교회와 목회자들을 보잘것없을 것으로 단정하고, 그래서 측은한 마음으로 라오스에 선교하려고 한다면 그것은 편견과 오만이다.

　더욱이 가난이라는 경제적 이유로 라오스 교회와 목회자들을 무시하고, 선교헌금으로 그들을 가르치고 복종시키려고 한다면, 그것은 선교의 바른 자세가 될 수 없다.

　라오스 교회는 죽음 속에서도 생명의 꽃을 피운 사실 하나만으로도 모든 세계교회의 주목을 받을 자격을 지니고 있다.

　더욱이 모진 박해와 고난과 차별 속에서도 순교적 신앙으로 교회를 지켜온 라오스 교회 목회자들과 성도들은 그것만으로도 우리 모두의 존경을 받을 만하다.

　오래전 라오스의 방비엥에는 2천 대 1의 경쟁률을 뚫고 수도 비엔티안의 라오스국립대학 불어불문학과에 입학한 기독교인 청년이 있었다. 그는 "너는 인민의 적이다."라는 동급생들의

비아냥 속에서도 우수한 성적으로 공부를 마치고 교수요원으로 선발되었다. 학과장은 그러한 그에게 세 번에 걸쳐서, "기독교인은 절대로 교수가 될 수 없다! 불교도 좋고, 무교라도 상관없다!"라며 기독교를 포기하도록 종용했다.

그렇지만 그는 기독교 신앙을 지키기 위하여 단호하게 학과장의 제안을 거부하고 교수직을 포기했다. 그는 후에 노르웨이와 홍콩의 두 신학교에서 유학하고 라오스 교회의 목사가 되었다. 그는 5개국 언어를 구사한다.

라오스 교회 청년, 평신도 지도자, 목회자들은 여름이나 겨울에 학교들이 방학할 때는 해외에서 개최되는 각종 국제회의에 참석해서 세계교회 지도자들과 협력을 한다. 라오스 교회 대표들의 숙박과 여행경비는 주최 측이 모두 부담해 주기 때문에 가능한 일이다.

우리나라 교회 지도자들과 신학자들도 우리나라가 1996년 12월 OECD에 가입하였던 그 이전까지는 대부분 여행경비를 해외교회로부터 보조받았다.

라오스 선교의 당사자들은 라오스를 그 누구보다 사랑하고 잘 알고 있는 바로 라오스 교회 목회자들과 성도들이 아니겠는가?

라오스 선교의 관리자들은 바로 그 자신들이고, 우리는 라오스 선교의 헬퍼와 써포터즈가 아니라, 협력자와 동역자로 초청받은 것이다.

> 하나님을 사랑하는 사람들, 곧 하나님의 뜻대로 부르심을 받은 사람들에게는, 모든 일이 서로 협력해서 선을 이룬다는 것을 우리는 압니다(롬 8:28).

교회의 변화

앞을 바라보며!

라오스는 2002년 11월 종교법령 92조를 통해 라오인의 종교적 자유를 선포했다. 라오스는 또한 라오스 주재 외국인의 종교 자유도 보장했다. 라오스는 외국인 스스로 기독교인의 정체성과 신앙을 고백하는 것은 금하지 않고 있다.

1997년 설립된 우리나라 한인연합교회는 2005년 라오스 정부로부터 정식으로 공인받았고, 중국어와 영어를 사용하는 외국인 교회들도 비엔티안에서 라오스가 공인한 합법적인 교회로 등록해서 활동하고 있다.

라오스는 그렇지만 외국인이 자국민에게 전도하는 것은 아직도 엄격하게 불법으로 간주하고 있다. 해외 선교사들은 그 때문에 체포당하거나 추방당하지 않도록 신분을 위장하고 조심스럽게 활동하고 있다.

라오스 기독교는 지난 30년간 세계 여러 나라 교회와 상호협력하며 라오스 선교의 모든 영역에 있어서 놀라운 발전과 변화를 이룩했다.

일례로, 위양짠(비엔티안) 수도에서는 2017년부터 세계 여러 나라 팀들로 구성된 복음 축제 VIGMF(Vientiane International Gospel Music Festival)가 개최되고 있다. 이러한 행사는 이전 같으면 꿈도 꿀 수 없었던 일이다.

그러나 라오스가 기독교를 공인하였다고 해서 교회에 대한 박해와 의심이 종식되었다고는 볼 수 없다. 감시하고 보고하고 차별하고 규제하는 것은 인민을 통치하고 통제하는 모든 공산 국가의 특색이기 때문이다.

라오스의 기독교인에 대한 억압적인 태도와 차별에는 또한 과거에 전쟁으로 고난을 이어 온 라오스인들의 국민 정서와 반미적 사고, 그리고 오랜 세월 불교와 토속신앙에 젖어 온 대다수 라오스인의 문화 종교적 갈등도 일조하고 있다.

게다가 기독교인을 인민의 적으로 간주하며 기독교에 대하여 우호적이기보다는 배타적인 모습들은 지방일수록 더욱더 노골적이다. 지난해 초 라오스 북부 루왕남타 지역의 아크 부족 마을에서는 주민들이 기독교인 세 가정을 동네와 학교로부터 추방한 사건이 발생했다. 마을 사람들은 기독교인들은 조상숭배를 하지 않고 정령을 섬기지 않는다고, 경찰과 이장의 입회

아래 고발하고, 그들의 집을 뜯어내 부수어 마을에 정착하지 못하도록 추방해 버린 것이다. 기독교인에 대한 이러한 박해와 추방은 아직도 라오스 이곳저곳에서 발생하고 있다.

라오스 교회는 그렇지만 그 어떠한 억압과 차별 속에서도 좌절하지 않고, 밝은 미래를 지향하며 계속 성장하고 있다. 지혜롭게 그리고 서두르지 않고 박해자들을 위하여 그리고 또한 억압과 차별받는 기독교인들 모두를 위하여 기도하며 조용히 복음 전파와 선교의 영역을 확장해 나가고 있다.

> 형제자매 여러분, 나는 아직 그것을 붙들었다고 생각하지 않습니다. 내가 하는 일은 오직 한 가지입니다. 뒤에 있는 것은 잊어버리고, 앞에 있는 것을 향하여 몸을 내밀면서, 그리스도 예수 안에서, 하나님께서 위로부터 부르신 그 부르심의 상을 받으려고, 목표점을 바라보고 달려가고 있습니다(빌 3:13-14).

라오스 교회사

라오스 교회는 억압과 고난을 받으며 그 동토의 땅에서도,
사시사철 꽃피고 그윽한 향기를 풍기는 라오스의 국화 독짬빠처럼,
생명력을 잃지 않고 살아 있었음을 온 세계에 보여주었다.

가톨릭의 선교

피로 세운 교회

순교자의 피로 세운 교회

라오스에 기독교가 소개되었던 시기는 1642년이었다. 가톨릭 예수회 선교회는 장 드레리아 신부를 라오스로 파견해서 선교를 시도했다. 그는 그로부터 5년 동안 라오스에 복음의 씨앗을 뿌리려고 부단한 노력을 했다. 하지만 그는 결국 불교 승려들에게 추방당하고 말았다.

가톨릭은 그 후 1881년에 이르러서야 프랑스 파리 외방전교회 신부들을 라오스 북부 지역으로 파송해서 선교를 재개했고, 1886년에는 그 영역을 남부 지역으로 확대했다.

그러나 그 선교의 여정은 1884년에는 12명, 그리고 1889년에는 5명의 사제가 순교의 피를 흘릴 정도로 험난한 고난의

길이었다.

가톨릭의 라오스 선교는 프랑스가 인도차이나를 지배하던 시기에 잠시나마 안정기를 맞이했었다. 가톨릭은 1938년 비엔티안과 루앙파방 교구를 필두로 1950년 탁켓, 1963년 루앙파방, 그리고 1969년 빡쎄 교구로 성장했다.

그러나 인도차이나 전쟁, 베트남 전쟁, 그리고 라오스의 내전과 공산정부의 출현은 다시 가톨릭에 대한 박해로 이어졌다.

가톨릭은 1960년대 탁켓에 2년제 소 신학교, 그리고 빡싼에 7년제 대 신학교를 운영했다. 하지만 극히 적은 수가 졸업을

했고, 더러는 호주나 필리핀에서 신학교를 졸업한 후 귀국해서 사제로 활동했다. 현재도 신학교육은 해외 선교회의 후원을 받고 있다.

라오스인에 대한 첫 신부 서품은 1963년, 그리고 첫 주교 서품은 1974년에 거행되었다. 라오스 가톨릭은 2002년 새 종교법에 따라서 합법적인 종교기구로 국가에 등록했다. 가톨릭은 현재 라오스인 추기경 아래 루앙파방, 비엔티안, 싸완나켓, 그리고 빡세 네 교구와 4만 5천 명 남짓의 신도를 갖고 있다.

> 좋은 소식을 전하는 시온아, 어서 높은 산으로 올라가거라. 아름다운 소식을 전하는 예루살렘아, 너의 목소리를 힘껏 높여라. 두려워하지 말고 소리를 높여라. 유다의 성읍들에게 "여기에 너희의 하나님이 계신다"하고 말하여라(사 40:9).

미 장로교회의 다니엘과 소피아 맥길버리

코끼리를 타거나 걸어서

　라오스의 개신교 선교는 1872년 미장로교회의 맥길버리(Daniel McGilvary, 1828~1911)를 통해서 시작되었다.

　당시 태국 치앙마이를 거점으로 활동하던 맥길버리는 개신교 선교사로서는 처음으로 그 해 4월 15일부터 6월 22일까지 총 68일 동안 라오스 북부 지역을 여행하며 라오스 선교의 가능성을 타진하였다.

　당시 맥길버리의 탐사 여행에는 의료

선교사였던 브루만(C. W. Brooman)과 더불어 요리사, 하인, 짐꾼 8명, 그리고 태국인 비서 1명이 동행했다. 일행은 치앙마이에서 출발해 치앙라이와 치앙샌을 거쳐 배로 메콩강을 거슬러 올라갔고, 루앙파방에는 6일을 머무른 후 5월 14일 귀환 길에 올랐다.

일행은 코끼리를 타거나 아니면 걸어서 여행했다. 맥길버리는 프린스턴 신학교 재학시절, 수년 동안 매일 집에서 학교까지 2.5킬로미터의 거리를 걸어 다녔었다. 하나님은 그때 맥길버리를 이미 선교사로서 훈련시켰던 것이 아니겠는가!

맥길버리는 훗날 자서전을 통해 이 첫 여행에서 결코 잊을 수 없었던 두 가지 일을 회고했다. 즉 하나는 갑작스러운 새 떼 소리에 놀라 높은 코끼리 등에서 떨어졌던 일과, 또 다른 하나는 숲을 걷는 동안 풀과 나뭇가지에 붙어 있던 무수한 거머리 떼에게, 약도 없는 상태에서, 온몸을 물렸던 일이다.

이 여행에서 맥길버리에게 책과 의약품을 달라고 간청했던 루앙파방 주민들의 요청은, 훗날, 이 지역 선교의 방향과 과제가 되었다. 따라서 맥길버리 선교팀의 의료 선교사였던 피플즈는 천로역정 등 기독교 문서들 외에 1891년 자신이 개발한 라오 활자판으로 맥길버리의 아내 소피아가 번역한 마태복음을 인쇄해서 문서선교에 활용했다.

　맥길버리는 1872~1898년 총 12회에 걸쳐 라오스 북부 지역을 순회하며 카무족과 라멛족에게 복음을 전했고, 후에는 라오어를 구사할 수 있는 태국 교회 장로들을 파송해서 그들이 라오스 북부 여러 촌락에서 선교하고 교회들을 설립하도록 독려함으로써 라오스 선교의 물꼬를 텄다.

　그 다음, 맥길버리의 뒤를 이어 라오스 선교를 하였던 인물은 휴 테일러(Hugh Taylor)였다. 당시 태국 지역의 미 장로교회 선교사는 모두 88명이었고, 현지 라오인 선교동역자는 161명이었다. 1900~1912년 라오스 선교는 매해 평균 250명의 결신자를 얻었고, 1912년에는 613명이나 되었다.

　테일러는 우돔싸이 지역과 싸이냐불리 지역을 순회하며 주로 몽족에게 복음의 씨앗을 뿌렸고, 후에는 스위스 형제단 그리고 C&MA와 협력해서 라오스 북부 지역에 기독교 선교의 기초를 놓았다.

좋은 소식을 전하며 평화를 공포하며 복된 좋은 소식을 가져오며 구원을 공포하며 시온을 향하여 이르기를 네 하나님이 통치하신다 하는 자의 산을 넘는 발이 어찌 그리 아름다운가!(사 52:7).

스위스 형제단의 가브리엘과 마거릿 콘테스 부부

라오스 교회의 첫 순교자

가브리엘 콘테스(Gabriel Contesse, 1878~1908)는, 24살 청년이었을 때, 스위스 형제단으로부터 라오스 선교사로 파송 받고, 싸완나켓 썽컨을 중심으로 활동했던, 라오스 기독교의 첫 번째 상주 선교사였다.

콘테스는 스위스 브베(Vevey)에서 1878년 6월 14일 출생했다. 영국 리빙스턴대학을 졸업했고, 프랑스 파리 동양어 학교에서 샴어를 공부했다. 콘테스는 그 후 동료 모리스 윌리(Maurice Willy)와 함께 베트남을 거쳐서 1902년 10월 30일 라오스에 입국했고, 그들은 중남부 지역 싸완나켓 주의 썽컨에 정착해서 선교했다.

콘테스는 방콕에서 수학한 론(Ron)과 판(Phanh) 두 라오스 승려의 도움으로 1903년 샴어 요한복음을 라오스어로 번역했고, 그 후 계속해서 마태복음과 누가복음을 완역했다.

그러나 선교 활동에 어려움을 겪고 있던 젊은 선교사들에게 활로를 열어 주었던 인물들은 싸완나켓의 나이 씬(Nai Sith)과 나이 꾼(Nai Koun) 두 사촌 형제였다. 그들은 1903년 기독교로 개종한 후, 자신들의 이름을 씨티뎃(Sithideth)과 꾼타빤냐(Kounthapanya)로 개명하고 동족의 개종 활동에 적극적으로 협력하였다.

콘테스는 1905년 썽컨에 라오스 기독교 역사상 첫 교회를 설립했고, 그해 부활절에는 현지인 팃 팡(Tit Pang)에게 첫 침례를 베풀었다.

모리스 윌리는 그 후 태국에서 간호학을 공부한 앙리엣(Henriett)과 결혼했다. 가브리엘 콘테스 역시 일시 귀국해서

영국에서 말라리아 예방학을 전공한 아일랜드 출신의 에델 마거릿 존슨(Ethel Margaret Johnson)과 1906년 4월 스위스에서 결혼한 후 함께 재입국해서 선교사역에 종사하였다.

가브리엘과 마거릿 콘테스 부부는, 그러나, 당시 티벳, 루앙파방, 썽컨 지역을 강타하였던 콜레라에 걸린 환자들을 돌보다가 자신들도 감염되어 1908년 6월 8일 순교했다.

그 당시 가브리엘의 나이는 30살, 마거릿은 28살, 그리고 아들 에드워드는 1년 5개월밖에 되지 않았던 어린 아기였다. 에드워드(1907~2001)는 그 후 스위스 삼촌의 손에서 성장했고, 만 70세가 되던 해 고향이었던 썽컨을 방문하고, 라오스가

공산화되기 직전까지 라오스 선교사역에 종사했다.

가브리엘과 마거릿 콘테스 부부의 죽음은, 그렇지만, 이 지역 라오스 선교의 밑거름이 되었다.

스위스 형제단은 가브리엘과 마거릿 콘테스 부부가 사망한 후, 프릿츠 오데탓(Fritz Audétat)을 비롯한 일곱 명의 선교사를 더 파송해 선교를 확장해 나갔다.

선교회는 곳곳에 교회와 병원을 설립했다. 또한 라오스인 지도자 양성을 위해 1911년부터 매해 1~2주씩 사경회를 실시했다.

오데탓은 1915년 안수 받은 라오스인 폰 파싸밧(Phone Phsavath)과 협력해서 1926년 신약전서, 그리고 1932년 성경전서를 라오스 선교 역사상 최초로 출간했다.

1936년 싸완나켓 지역에는 교회가 10곳으로 증가했고, 1939년 8일 동안 개최되었던 사경회는 300여 명의 수료생을 배출했다. 이러한 사경회는 라오스인 스스로 라오스의 복음화를 위하여 활동할 수 있는 선교의 원동력이 되었다.

알만드 하이니거(Armand Heiniger)와 하이디 쉴링(Heidi Schilling) 부부는 1955년 사완나켓에 3년 과정 신학교를 설립했고, 이 학교는 라오스가 공산화되었던 1975년까지 150여 명의 졸업생을 배출했다.

스위스의 형제단 선교회는 라오스 선교를 위하여 1975년까지 무려 55명의 선교사를 파송했다. 그중 오데탓은 46년 동안 라오스 선교사역에 종사했다.

> 내가 진정으로 진정으로 너희에게 말한다. 밀알 하나가 땅에 떨어져서 죽지 않으면 한 알 그대로 있고, 죽으면 열매를 많이 맺는다(요 12:24).

C&MA의 조지와 텔마 로프
라오 신약성경 번역

조지 로프(George Edward Roffe, 1905~2000)는 라오스 북부 지역 최초의 상주 선교사였다. 맥길버리와 테일러가 태국 치앙마이에 선교본부를 두고 간헐적으로 실행했었던 라오스 북부 지역의 선교는 1920년대 이후 스위스 형제단의 오데탓 선교사가 테일러와 동역하며 그 영역을 확장해 나갔다.

라오스 상인이었던 쯔아와 툰은 태국에서 개종한 후, 고향 싸이냐불리로 돌아와 동족들에게 전도하며 1926년 교회를 설립했다.

복음 전파에 갈급했던 이 지역에는 더 많은 일군이 요청되었다. C&MA는 이에 부응해서 1929년 조지 로프를 라오스 북부지역의 첫 선교사로 파송했다.

조지 로프는 캐나다 토론토에서 목회자의 가정에 태어나 맥마스터 대학과 나이약 신학교를 졸업했고, 1929년 겨울에 텔마(Thelma Mole, 1907~1999)와 결혼했으며, 1975년까지 47년 동안 라오스 선교사로 활동했다.

조지와 텔마 로프 부부는, 1930~40년대, 싸완나켓에서 추천받은 라오인 씨티덴과 협력해서 사역했고, 1950~60년대는 부아야 타오(Boua Ya Thao), 파타나 씨티덴, 그리고 쌀리 꾼타빤냐와 협력하며 몽족과 카무족 선교에 전념했다.

그들은 또한 라오스인 목회자 양성을 위해 1948~51년 루앙파방에 3년제 신학교를 설립했다.

로프는 한편 1950년대 초반 안식년 기간 미국 코넬 대학에서 언어학을 전공했고, 1955년 라오스로 돌아와 문서선교에 전념하며 1백여 편의 글과 문서를 발행했다.

로프 부부는 특별히 라오 성경 번역에 많은 업적을 남겼다. 로프는 신약성경 번역작업에 착수해서 1942년 마태복음을 출판했고, 1950년에는 신약을 완역했다. 그리고 1963년부터는 영국 성서공회와 협력해서 1973년 마침내 신약성경을 출판하고 라오스 국왕에게 헌정했다.

조지와 텔마 로프 부부는 1975년 라오 공산정부에 의하여 출국당한 후, 미국 플로리다 올랜도에 거주하며 여생을 마칠 때까지 라오스로부터 망명한 몽족들을 돌보았고, 라오 문서 번역과 수정작업에 헌신했다.

한편, 라오스 중부 지역은 C&MA와 더불어 OMF(Overseas Mission Fellowship), 중국 내지선교회, 미국 침례교회와 장로교회 등 여러 선교회가 선교를 담당했다.

라오스 기독교는 그 후 1940년대 일본 강점기 시기에 있었던 박해로 잠시 많은 어려움을 겪었지만, 1950~60년대 왕립라오정부 시기에 다시 회복기를 맞이했다.

여러분이 전에는 하나님의 백성이 아니었으나, 지금은 하나님의 백성이요, 전에는 자비를 입지 못한 사람이었으나, 지금은 자비를 입은 사람입니다(벧전 2:10).

라오 복음주의 교회의 태동과 고난

독짬빠

1950년대 라오스 북동부 지역 씨앙쿠앙에서 발생한 몽족의 회심 운동은 라오인 자치교회의 실현을 촉구한 성령 운동이었다. 이를 감지한 C&MA 선교회는 선교사 2인과 라오스 교회 지도자 2인으로 1954년 4인 협의회를 구성하고 그해 라오인 임시교회를 출범시켰다.

임시교회 총회는 그 후 1956년 12월 라오스 교회의 활성화와 일원화를 위하여 북부 4주의 대표들이 초안한 헌법을 채택하고, 다음 해 자립과 자

치를 목적으로 라오스 국가교회를 씨앙쿠앙 교회에서 창립했다.

라오스 국가교회의 태동은 그동안 서로 다른 지역에서 활동하던 여러 해외 선교회의 공통된 바람이기도 하였다. 초대 총회장으로는 쌀리 꾼타빤냐 목사가 선임되어 1963년도까지 그 중책을 맡았다.

총회는 교회조직을 6지방으로 나누고, 6명의 감리사를 선출했다. 라오스 국가교회는 1960년 왕립라오정부로부터 법인 인가를 받았고, C&MA 선교회와 협의해서 1963년 처음으로 자치교회로서 목사 안수례를 행하였다.

또한, 내전으로 씨앙쿠앙에서 비엔티안으로 이전한 신학교도 비엔티안 외곽에 대지를 매입해서 사무실, 강의실, 기숙사, 교수 숙소 등을 건축했고, 씨앙쿠앙, 루앙파방, 싸이냐불리, 비엔티안 등 여러 지역에 교회들을 개척했다.

이 시기에 라오스 국가교회는 라오교회협의회를 조직하고, 세계 여러 나라 선교회와 협력했다. 또한 성서공회, 문서와 방송 선교회 등 각종 선교회의 운영과 협력을 통해 라오스 복음화를 실행해 나갔다.

그러나 라오스 국가교회는 베트남 전쟁 이후, 라오스 내전과 1975년 라오스 공산화로 인해 세계교회와 단절된 암흑기를 맞이했다.

라오 공산정부는 교회와 신학교, 병원, 방송국 등 모든 기독교 기관들을 폐쇄하는 동시에 성경, 찬송가, 그리고 기타 기독교 문서들을 폐기하고, 교회 재산들은 국가에 몰수했다.

라오스 기독교인들은 체포되어 후아판 지역 재교육 캠프에 수용되거나 처형당했으며, 해외 선교회들은 모두 추방당했다. 기독교는 이 시기에 국가에 무익하고 해악을 가져다주는 종교로 선포되었고, 기독교인은 미국의 첩자인 동시에 인민의 적으로 박해받았다.

라오 공산정부는 그러함에도 불구하고 기독교를 근절시키지 못했다. 라오스 기독교는 박해받을수록 더욱 강해졌기 때문이다. 1975년 라오스 공산화 당시 라오스 전역에 1만여 명이었던 기독교인의 수는 1987년에 1만 5천여 명으로 증가하였다.

라오스 교회는 억압과 고난을 받으며 그 동토의 땅에서도,  사시사철 꽃피고 그윽한 향기를 풍기는 라오스의 국화 독짬빠처럼, 생명력을 잃지 않고 살아 있었음을 온 세계에 보여주었다.

　라오 공산정부는 따라서 1989년 4월 세계 여론을 의식해 기독교 관련 정부 회의를 통해 마침내 라오 복음주의 교회(Lao Evangelical Church: LEC)라는 이름으로 라오스 교회의 설립을 공인했다.

　LEC는 그 후 1990년부터 폭발적인 성장을 했다. 통계 자료에 의하면, LEC의 기독교인 총수는 1995년도에 3만여 명으로 증가했고, 현재는 라오스 전역에 900여 교회와 신도 20만 명 가량을 갖춘 교회로 발전했다.

　LEC는 CCA(1967), WCC(2008), NMS(Norwegian Mission

Society) 등 여러 해외 선교회와 선교 협력을 맺고 있다. 우리나라 교회들은 우리나라가 라오스와 국교를 정상화한 1995년도 그해 10월부터 선교사들을 파송하기 시작했다.

라오 공산정부는 2002년 11월 총리령으로 종교법령 제92조를 통해 LEC를 합법적인 교회로 인정했고, 2019년 12월 19일에는 공식적인 문서로 LEC를 인가했다. 라오스 교회 역사에 있어서 획기적인 일이었다.

나는 사슬에 매여 있으나, 이 복음을 전하는 사람입니다. 이런 형편에서도, 내가 마땅히 해야 할 말을 담대하게 말할 수 있게 기도하여 주십시오(엡 6:20).

세계 라오 복음주의 교회
마라나타!

　미국은 베트남전 당시 북베트남의 병력과 군수품 수송로였던, 라오스를 경유하는, 호치민 트레일을 차단하는 한편, 라오스의 공산화를 막을 목적으로 주로 라오스 몽족을 무장시켜 비밀전쟁을 수행했다.

　미군은 1964~73년 동안 폭격기로 무려 58만 회 출격해서 2백만 톤 이상의 집속탄을 라오스에 투하했다. 9년 동안 매일 쉬지 않고 600톤 이상 엄청난 양의 폭탄을 쏟아 퍼부은 셈이다. 그로 인한 라오스인의 고통은 현재도 계속되고 있고, 이곳저곳에 흩뿌려져 있는 불발탄의 제거는 금세기가 지나도 끝나지 않을 것이다.

미국은 그러나 베트남 전쟁 종전 이후까지도 당시 중립국이었던 라오스를 대상으로 전쟁을 벌였던 사실을 부인했다. 이 전쟁을 비밀전쟁이라고 부르는 것은 바로 그 때문이다.

1975년 라오스에 수립된 공산정부는 그에 대한 보복으로 "몽족을 박멸하자!"라고 선동하며 몽족을 박해하며, 미군과 함께 전쟁에 개입하였던 몽족을 색출해서 살해했다. 그 때문에 수많은 몽족은 대거 해외로 탈출했다. 1975~83년 사이에 태국 난민촌으로 피신한 몽족은 약 10만 명이었다.

놀랍게도, 태국의 여러 지역 난민촌에서는, 마치 1950년 여름부터 라오스 씨앙쿠앙에서 일어났던 몽족의 대 회심 운동처럼, 매일 새로운 몽족 기독교인들이 우후죽순처럼 늘어나기 시작하였다.

몽족 목회자들과 기독교인들은 그 후 난민으로 프랑스, 프랑스령 기아나, 호주, 뉴질랜드, 캐나다, 독일, 아르헨티나, 중국,

그리고 미국으로 뿔뿔이 흩어져 망명했고, 그들은 그곳에서도 교회를 개척했다.

미국으로 망명한 몽족 기독교인들은 1979년 C&MA와 협력해서 라오 복음주의 교회(LEC)를 창립했고, 더러는 미연합감리교회, 남침례교회, 루터교회, 하나님의 성회 등 여러 교회와 연합해서 신앙생활을 지속하고 있다.

LEC는 1975년 출판된 신약성경에 뒤이어 1984년 UBS와 협력해서 몽족어 성경전서를 번역해서 발간했고, 1985년 교회 명칭을 C&MA 몽족 구역회(The Hmong District of The C&MA)로 변경했다. LEC는 미 전역에 흩어져 있는 81곳의 몽족 교회들과 더불어 세계 각국의 모든 몽족 교회와 협력해서 몽족 전도, 신앙계발, 그리고 선교사 파송의 사명을 성취하기 위해 노력하고 있다.

몽족 기독교인들은 자유주의 신학을 배격하고, 보수적인 신앙 속에서 엄격한 훈련과 교육과 규율을 준수하며 주의 재림을 기다리고 있다.

마라나타!

이 모든 계시를 증언하시는 분이 이렇게 말씀하셨습니다. "그렇다. 내가 곧 가겠다." 아멘. 오십시오. 주 예수님!(계 22:20).

라오 복음주의 교회 교리적 선언

우리는 믿노라

　라오스 교회는 신학적으로 급진적 복음주의적 특색을 가진 스위스 형제단, C&MA, OMF 등 해외 선교회로부터 복음을 받아들였다. 게다가 1975년 이후 공산정부의 출현으로 모든 교회는 폐쇄당하는 박해와 고난 속에서 성장했다. 라오 복음주의 교회의 교리적 선언은 그 때문에 성서해석과 신학에서 더욱더 복음주의적이며 종말론적인 특색을 보여주고 있다.

　1. 우리는 모든 성경은 성령의 감동으로 된, 유일하고 무오

하며, 권위 있는, 하나님의 말씀인 것을 믿으며 (딤후 3:16, 17; 벧후 1:21),

2. 우리는 하나님은 한 분인 것과 성부, 성자, 성령 삼위로 영원히 존재하는 것을 믿으며(마 28:19; 고후 13:13),

3. 우리는 우리 주 예수 그리스도의 신성, 동정녀 탄생, 무흠한 공생애, 기적, 십자가 보혈의 대속적 그리고 구속적 죽음, 육체적 부활, 하나님 우편으로의 승천, 그리고 권능과 영광의 재림을 믿으며(눅 1:35; 롬 1:3, 4; 빌 2:6~9),

4. 우리는 길 잃고 죄 많은 인간의 구원을 위하여, 성령으로 예수 그리스도를 믿음으로 죄를 회개하고 갱생하게 되는 것과 예수 그리스도는 구원의 유일한 길인 것을 믿으며 (요 3:16; 막 1:15; 요 4:6; 롬 8:14),

5. 우리는 성령은 하나님이며(행 5:3,4), 사람을 창조하고 (창 2:7; 시 104:30), 믿는 자에게 예수의 증인이 되도록 권능을 부여하여 주고(행 1:8), 내재하며, 믿는 자와 영원히 함께하고, 사역에 있어서 인도하고, 명령하고, 안내하고, 임명하는 것을 믿으며(행 8:20; 16:6, 7; 20:28; 요 16:13),

6. 우리는 구원받은 자와 타락한 자 모두의 부활을 믿는다; 그들은 생명의 부활로 구원받고, 지옥행의 부활로 타락하는 것을 믿으며(행 24:15; 요 5:29; 고전 15:52; 계 20:15),

7. 우리는 우리 주 예수 그리스도를 믿는 자들의 완전한 영적 통일을 믿으며, 그리스도의 몸으로서 유일한 참 하나의 교회만 존재하고(고전 12:13; 엡 1:22, 23; 3:6), 교회는 하나의 거룩한 공교회적, 사도적 교회인 것을 믿으며(마 16:18, 19; 28:19, 20),

8. 우리는 롬 12:5~8, 고전 12:7~11 그리고 엡 4:11, 12에 기록된바 사역에 필요한 성령의 은사를 믿는다.

마르다가 예수께 말하였다. "예, 주님! 주님은 세상에 오실 그리스도이시며, 하나님의 아들이심을, 내가 믿습니다"(요 11:27).

후기

보이는 게 전부는 아니라는 말이 있다. 마음으로 보고 듣고 분별해야 한다는 뜻이다. 라오스 교회에 관한 이야기도 마찬가지이다. 여행이나 지인을 통해 보고 들은 것이 전부는 아니다.

내가 라오스에 관심을 두게 되었던 것은 2008년 미연합감리교회 세계선교국(GBGM)의 안내로 라오스 몽족 마을을 방문한 것이 계기가 되었다. 당시 어설픈 작은 초가집의 흙바닥에서 예배드리던 가정교회 모습은 너무나 충격적이었다.

나는 그 후 재직하고 있던 대학의 기독 학생들을 선교 인턴으로 파송했다. 그리고 2012년에는 GBGM의 의뢰로 미연합감리교회 소속 60여 명의 라오스 목회자를 태국 농카이에서 교육했고, 다시 라오스 현지교회와 선교센터 예정지를 답사했다.

당시 라오스 목회자들과 기독교인들은 너무나 가난해서 성경

책 한 권을 사 보기에도 버거울 정도였다. 그래서 그 해 끝 무렵에는 라오 성경전서 1,500권을 인쇄해서 기증했다.

라오스 교회와 본격적으로 선교 협력을 맺은 것은, 그렇지만, 라오 복음주의 교회의 요청으로 2016년 글로벌신학대학원 석·박사 과정을 운영하면서부터였다. 이 일은 일산광림교회, 우주교회, 그리고 한강교회의 협력과 지원으로 실행되고 있다.

라오스 선교는 이제 목회자 신학교육뿐만 아니라 교회 건축, 교회음악, 어린이와 청소년 전도, 교회 학교 교사 훈련, 염소은행 등 다방면으로 진행되고 있다. 이 모든 일에 있어서 후원교회와 교우들에게 감사의 뜻을 표하지 않을 수 없다. 내가 소속한 한강교회는 금식 기도하며 라오스 선교를 성원한다. 특별히 송석우, 이상미 권사 부부는 라오스 선교사 파송을 사명으로 삼고, 그 일을 기쁘고 즐겁게 감당하고 있다.

라오스를 위해 기도하며 선교에 참여하는 모든 이에게 다시 한번 감사드리며, 그들 모두에게 하나님의 은총과 축복이 늘 함께하기를 바란다.

장춘식 목사

(choonszang@gmail.com)

라오스 선교 후원계좌 : 신한은행 110-349-346-028 장춘식